MW01029356

EL SOÑADOR DEL SUEÑO

EL HÉROE INTERIOR

Enric Corbera

Título: *El soñador del sueño*
Subtítulo: *El héroe interior*
Autor: Enric Corbera Sastre
Primera edición: febrero de 2017

Impreso en España

ISBN 978-84-946144-5-3
Depósito legal: B 2549-2017

EDICIONES EL GRANO DE MOSTAZA, S. L.
C/ Balmes, 394, ppal. 1a.
08022 Barcelona, SPAIN
<www.elgranodemostaza.com>.

EL SOÑADOR DEL SUEÑO

EL HÉROE INTERIOR

Enric Corbera

Todo es una ilusión...
Este libro también lo es.

Dedicado a todas las mentes que no se conforman con vivir esta realidad, que aspiran a la libertad emocional, a liberarse de los grilletes de la dualidad.

CONTENIDOS

INTRODUCCIÓN

Este es un libro que pretende hacer vivir una experiencia al lector. Se trata de una experiencia universal que todos pasaremos, estamos pasando o ya hemos pasado. Muchas veces esta transformación se realiza inconscientemente, y este libro pretende hacerla consciente.

Lo que quiero decir es lo que nos dijo Teresa de Calcuta:

Enseñarás a volar,
pero no volarán tu vuelo;
enseñarás a soñar,
pero no soñarán tu sueño;
enseñarás a vivir,
pero no vivirán tu vida.
Sin embargo,
en cada vuelo,
en cada sueño
y en cada vida
quedará para siempre
la huella del camino enseñado.

Se trata de una apertura de consciencia que lleve al lector a modificar la forma de ver y entender la vida, a realizar un profundo cambio de percepción fruto de darse cuenta de que lo que nos ocurre no es consecuencia del azar, sino la manifestación de una programación inconsciente. Como dijo Carl G. Jung, «llamamos a ciertos acontecimientos fruto del azar cuando no encontramos otra explicación más plausible».

Esta programación nos mantiene «dormidos», en la creencia hipnótica de que tenemos libre elección y cierta posibilidad de control sobre los acontecimientos de nuestra vida.

Esta hipnosis se manifiesta en nuestra vida en las experiencias llamadas cotidianas, que casi pasan desapercibidas para la conciencia por su carácter repetitivo, que nos hace considerarlas normales. Nuestra vida se vuelve rutinaria, damos las mismas respuestas a los mismos problemas y vivimos con un sentimiento de sufrimiento y de sacrificio. Llegamos a no comprender para qué vivimos. Nos damos explicaciones más o menos aprendidas, derivadas de creencias religiosas o espirituales. Proyectamos nuestros problemas y las posibles soluciones sobre un «poder» que creemos externo. Ello nos lleva a un estado de ansiedad y de miedo, pues nuestra mente dual nos hace aceptar la creencia limitante de que, para recibir una dádiva, tenemos que hacer algo. Y allí están los vendedores del templo en sus múltiples facetas y con sus variopintos recursos, que se presentan como panacea para todos los males y preocupaciones.

El propósito de esta obra es recordar al lector que el poder ya está en él, que lo aparentemente externo es la proyección, la vibración, de su estado de conciencia. Que él no es un efecto de una causa incontrolable. Que su proyección de esa causa como algo externo a él lo empobrece y le impide reconocerse a sí mismo como el auténtico hacedor.

Por ello invito a todo lector a cuestionarse a sí mismo, a dejar de hablar del otro como si fuera la causa de sus dolores, sus sufrimientos y sus problemas. Le invito a que invierta su pensamiento y tome consciencia de que vive como un zombi, como un robotito que da explicaciones para justificar su conducta.

La toma de conciencia empieza con el reconocimiento de que las repeticiones de los diferentes aspectos y circunstancias de la vida no son fruto de la casualidad, sino de esta programación inconsciente que se manifiesta en la pantalla de la vida.

Despertar conlleva el desarrollo de esta conciencia de unidad, un cambio profundo de creencias, la liberación de las justificaciones y la aceptación de vivir con valor. Se trata de encarar la vida como un proceso de crecimiento personal que nos lleva a comprender la importancia que los juicios, los posicionamientos, valores y creencias tienen en nuestra vida.

El estado de conciencia aumenta su vibración gracias al impulso de la mente que se abre a la posibilidad de que seamos nosotros la gran causa de los efectos que llamamos vida.

Ya no nos resignaremos, ya no resistiremos; ahora nos rendiremos a la Consciencia Superior que nos alimenta, que nos guía en este despertar a lo largo de un viaje sin distancia y sin tiempo cuyo destino final es una vida con plena conciencia de que siempre nos alimenta la Fuente Universal. Al final comprendemos que no hay que sufrir para aprender, sino simplemente rendirse. La rendición implica la certeza de ser guiados por una Consciencia, una Inteligencia Universal a la que llamo «la nueva vida».

Esta nueva vida conlleva unas etapas, un proceso de transformación. Supone un cambio profundo de percepción, la comprensión de todas las situaciones que conforman la experiencia vital. Es un renacer previo a una muerte simbólica de la visión del mundo dual para redimir la percepción de un mundo no dual. Es algo que siempre hemos sabido que está aquí, delante de nuestros ojos.

Nos impedían verlo los velos de las creencias, nuestras verdades, nuestras sinrazones. Renunciar a ellas es dar el primer paso en este camino de despertar.

Se lo llama el *viaje del héroe* porque se requiere gran valentía y determinación para dar este primer paso que va en una dirección distinta de las verdades establecidas.

Es un viaje de compromiso con uno mismo. Un viaje de desapego, de no mirar atrás, un viaje movido por las inquietudes propias de las personas que asumen que la vida se puede vivir de múltiples maneras, y que todas y cada una de ellas es un derecho que nadie puede ni debe cuestionar. Es un viaje de desarrollo personal que conduce a la libertad emocional.

Este viaje lleva a la maestría, la auténtica, porque un maestro no hace seguidores, hace maestros. Es un viaje de la conciencia al encuentro de la Consciencia, la Gran Fuente, la que alimenta las infinitas posibilidades de existencia.

Con todo mi cariño.

Enric Corbera

P. D.: En este libro las enseñanzas se repiten una y otra vez, pues la vida me ha confirmado que *la repetición es necesaria para que la información se integre en la mente*. Toda maestría se alcanza mediante la puesta en práctica y la repetición. Para cambiar la percepción, es imprescindible habituarse a una nueva forma de pensar. Así se experimenta que lo que se llama «real» no lo es, se toma conciencia del propio poder derivado de hacerse dueño de la percepción. La mejor manera de conseguirlo es mediante el cuestionamiento.

1

EL HÉROE

«Hay una mañana dentro de ti esperando a estallar en la luz».

Rumí

Nuestro héroe se encuentra tumbado sobre un colchón en una habitación sombría, sucia y sin ningún mueble. Reflexiona sobre cómo ha llegado a un sitio así. Tiene treinta y dos años y ahora mismo un trabajo que está en descenso vertiginoso.

Su matrimonio terminó y, en un alarde de generosidad —que ahora ve como un suicidio—, dejó a su exesposa la mayor parte de todo, por no decir todo, lo que tenían. Su trabajo va por el mismo camino, aunque en pocos años había alcanzado una posición de poder, un cargo directivo y un muy buen sueldo.

Él sabe que esta situación es pasajera. Gracias a un hermano suyo —que incomprensiblemente vive en este apartamento sucio y dejado de la mano de Dios—, cuenta con unos días —al menos eso cree— para redirigir su vida.

Reflexiona sobre las causas del alejamiento de su pareja y sobre todo sobre lo que lo ha conducido al estado en el que se encuentra.

Hay algo muy claro que considera el motor de todo. Él es un buscador espiritual, ha tenido experiencias extrasensoriales, y su mujer no quiere saber nada de eso. Sin embargo, cuando ya se estaban alejando, ella tuvo una experiencia extracorpórea y se la contó. Un día, mientras descansaba en la cama, muy agotada, entró en una especie de profundo sueño y de repente se encontró fuera de su cuerpo; se veía a sí misma tumbada en la cama. Alguien se le acercó y le dijo: «No tengas miedo. Esta experiencia es para que comprendas que tu marido no está loco. Él siente profundamente que hay algo más en la vida, algo que lo sustenta todo». Y de repente ella volvió a su cuerpo. Se lo contó a nuestro héroe, pero le restó importancia. Él cree que no hay peor ciego que el que no quiere ver.

Seguidamente piensa que otra posible causa es el trabajo. Su cargo lo obligaba a trabajar muchas horas. Su jefe no debía sentirse muy bien en su casa, pues nunca se iba de la oficina y esto forzaba a los cargos directivos a hacer lo mismo.

Al margen de cuáles sean las causas de su situación, nuestro héroe piensa: «Estoy hecho una mierda y no veo salida en ninguna dirección».

Por sus enfrentamientos con el jefe, le quitaron el cargo, perdió el despacho y ahora deambula por la empresa de departamento en departamento procurando mantener algo de dignidad.

«No pienso irme. Que me echen si no me quieren».

Cuando no sabía dónde sentarse, se iba al despacho de algunos de los cargos que antes habían sido sus subordinados. Ellos le atendían y le permitían estar allí. Algunos hasta se solidarizaban con él.

«Estoy ganando mucho dinero sin trabajar», se dice a sí mismo para mantener su autoestima y su orgullo.

Su personalidad se ha forjado desde su infancia. Está acostumbrado a tener que valerse por sí mismo. Siempre fue un rebelde y lo sigue siendo. Desde muy pequeño se sintió responsable y líder. Sus compañeros de escuela lo respetaban. Si se tenía que enfrentar a alguien, no dudaba en pelear, y siempre ganaba.

Era el hijo mayor de una familia numerosa con una madre distante cuya única obsesión era agradar a Dios y seguir todos los mandamientos y liturgias de su Iglesia. El padre trabajaba todo el día y además seguía las ordenanzas de la misma Iglesia. Llegaba agotado a casa y tenía que soportar la lista de las malas acciones de sus hijos que su mujer le tenía preparada.

En el colegio era un rebelde. Lo castigaban continuamente. Recuerda que una vez se le pasó por la cabeza tirase por el balcón de la escuela. Quería acabar con todo. No entendía nada. Era un mal estudiante, pero los alumnos del colegio le prestaban atención, siempre estaban a su lado y le escuchaban. Muchos hacían lo que les decía. Esto desagradaba a la dirección, que siempre que podía —y esto era siempre— le humillaba ante todo el colegio. Lejos de amilanarle, esto le hacía más fuerte de mente y más luchador.

Nuestro héroe se sintió solo desde muy pequeño y pronto desarrolló la capacidad de confiar solamente en sí mismo y de valerse de sus propios medios.

Ahora está en una tesitura que requiere utilizar estas capacidades.

«Tengo que aguantar aquí sea como sea. No me importa lo que piensen o dejen de pensar; nunca debo olvidar que yo soy mi mejor apoyo».

Siempre le atrajo lo oculto, lo misterioso, y desde su adolescencia lee y relee libros de ocultismo, videncia y proyecciones astrales: de experiencias espirituales. Muy joven vivió la experiencia de salir de su cuerpo, algo que lo reafirmó en la verdad que encerraban sus lecturas, si no eran «la verdad».

Aquí reside su fuerza, en este «algo más» que le hace sentirse acompañado y seguro. Desde joven, siempre tuvo que confiar en sí mismo.

En sus reflexiones, nuestro héroe recuerda algo que certifica esto. El responsable de unas pruebas psicológicas que le hicieron a los trece años le comentó a sus padres: «Su hijo tiene unas capacidades intelectuales normales; también algunas carencias y deficiencias, pero son superables. Una característica que sobresale es su gran confianza en sí mismo».

Por su cabeza no pasa la palabra «derrota». Para él, su significado más profundo es dejar de existir, dejar de ser uno mismo, y esto no lo va a permitir jamás.

«Me podrán humillar, insultar, calumniar, desacreditar, ridiculizar. Nada de eso importa. Si me rindo, es mi muerte. Tengo que salir de este agujero; a mi hermano solamente le preocupa recibir chicas, y además me huelo que está metido en drogas o algo parecido».

Le da las gracias a su hermano y se despide de él mientras piensa que no va a volver allí pase lo que pase. Busca un apartamento acorde con lo que ahora puede pagar.

Por esos días se lía con una chica del trabajo, que por otro lado sufre el acoso de su jefe. Nuestro héroe sigue dando tumbos de aquí para allá. Esta relación le trae más dolor que placer. Lo anula, y esto se le hace cada vez más insoportable. Todavía no es consciente de que esta relación es el fiel reflejo de su desequilibrio emocional. La chica está tan desorientada como él mismo.

«Déjala ya —se dice a sí mismo—. Esta relación te está matando, te consume, estás dejando de ser tú mismo, y tú solamente te debes fidelidad a ti».

Las cosas cambian en la empresa en la que teóricamente trabaja. Un día oye por los altavoces que le llaman a dirección.

Se pregunta: «¿Qué está pasando? ¡Si hace más de un año que no me nombran por estos altavoces!».

Se presenta en dirección. En una mesa redonda se encuentran su jefe, dos cargos directivos y los responsables del cliente más importante de la empresa.

«Les presento al nuevo director de calidad. Les aseguro que él va a solucionar los problemas que tenemos con ustedes», espeta el jefe.

Durante un año arregla lo que han desarreglado, lo que él antes había creado. Una vez solucionado todo, siente que ya ha cumplido con la empresa y que tiene que marcharse.

Habla con su jefe: «Vengo a decirle que me voy. Le estoy muy agradecido por todo. He aprendido mucho. Pero tengo que ser sincero conmigo mismo: no hay nada que me una a su proyecto, mi vida está en otro lugar».

Se despide y no quiere dinero alguno; está muy tranquilo consigo mismo. Está en paz.

«Me marcho sabiendo que ya no hay vuelta atrás. He cerrado un capítulo de mi vida. Ahora, universo, espero que me guíes, pues no sé adónde ir ni qué hacer».

El hombre de negro

Hola, querido lector. Ya has conocido a nuestro héroe.

Él no tiene ni la más remota idea de que existo ni de que me voy a presentar muchas veces en su vida.

Es posible que yo ya sepa que esto va a suceder porque el tiempo no es lineal en el Campo de la Consciencia. En el lugar desde donde yo te hablo no hay pasado ni futuro, solamente un presente lleno de posibilidades. Este libro es una de ellas, y además, según la conciencia del lector, tiene la potencialidad de convertirse en múltiples manifestaciones.

Nunca olvides que lo escrito se escribe en la dualidad. Ello implica que tiene infinitas interpretaciones. No las rechaces. Tu rechazo habla de ti, no habla de lo que ves escrito. Lo que te atrae y lo que te causa repulsión está en ti mismo. Si quieres conocerte, no rechaces nada; todo tiene su sentido.

No tienes este libro en tus manos por casualidad. La casualidad no existe, pues todo es resonancia.

Ahora es el momento de presentarme, pues yo también soy protagonista de este libro. En el camino del despertar, también conocido como el camino del héroe o el viaje del héroe, siempre hay un guardián o unos guardianes. Estos pueden presentarse de múltiples maneras, desde un libro hasta una persona, pasando por alguien que no está en esta dimensión. El viaje es un llamado urgente que sale del interior de cada corazón. Es un viaje extraordinario, una transformación.

No hay muchos héroes, solamente hay uno y se encuentra en todos y en cada uno.

En el mundo cuántico es muy importante el *principio de la holografía,* que demuestra que la parte está en el todo y este se encuentra en cada parte. No hay ninguna parte que no lleve la esencia del todo; la gota de agua tiene todas las cualidades del mar que le da vida y la sustenta.

Cada conciencia es como una gota de agua en un mar de Consciencia. Más adelante aclararé la diferencia entre ambas. Ahora tranquiliza tu mente y déjate fluir.

Te preguntas quién soy.

Solamente hay dos respuestas:

- La primera: puedes creer que yo, el hombre de negro, soy algo externo a ti.
- La segunda: puedes creer que yo, el hombre de negro, soy tú mismo.

Lo que decidas creer será la verdad que vivirás. Por eso todos tienen razón: por supuesto, su razón. Aunque en realidad nadie la tiene, se escoja la creencia que se escoja, porque nada es real. No hay nada que escoger en la Consciencia; solo se puede escoger en la conciencia. La capacidad de elegir solamente se puede expresar en la dualidad. Todos tenemos poder de decisión y este determina lo que llamamos vida.

De todo esto se deduce que, si escoges leer este libro en la dualidad, o sea, con la primera opción, leerás un libro. Si escoges la segunda alternativa, leerás otro.

Ambas opciones son correctas. De lo contrario no estarías leyéndolo. En el transcurso de la lectura se irán produciendo cambios en tu percepción; algunos de estos te molestarán mucho y otros te resultarán muy cómodos. No te columpies en ninguno de ellos. No hay opciones, repito: todo es lo mismo mostrado desde polaridades complementarias.

Mi propuesta es que, en el sueño en que vives, sepas elegir correctamente para evitar dolores y sufrimientos innecesarios. No tienes que creerte nada de lo que leas; ya se te avisó al principio del libro. Abre tu mente a otras posibilidades y deja que lo que tenga que ser sea.

Te deseo un viaje provechoso. Si te estoy hablando, es simplemente porque he recibido un llamado. Nada de lo que veas escrito es real. La realidad es algo que se tiene que experimentar.

Recibe un fuerte y caluroso abrazo.

2

EL DOLOR: SACRIFICIO Y SUFRIMIENTO

«Estos dolores que sientes son mensajeros. Escúchalos».

Rumí

Nuestro héroe ha estudiado terapias para la sanación. Ya no trabaja en lo que había estudiado. Está volcado en el servicio a los demás, y muy pronto cae en la gran tentación de querer ayudar a los que sufren.

Se preocupa por todo y por todos. Se entrega a ayudar a los demás y no quiere remuneración alguna por lo que hace. Trabaja durante la mañana, y por la tarde se dedica a atender a todos aquellos que se acercan a su casa para pedirle ayuda.

Esto lo vuelve inquieto; se le hace insoportable. No lo entiende; algo le quema en su interior. Estudia y estudia; atiende y atiende. Por un lado, esto le hace sentir bien y, por el otro, le agota. Es un contrasentido; es como una adicción: si lo hace está bien, pero se siente mal, y si no lo hace, también está mal.

Entra en una profunda crisis; siente que hay una locura en su interior. Su sufrimiento y su sacrificio no le dan paz y cree que no está haciendo lo correcto.

«Estoy convencido de que hago lo correcto. Pero todo lo que hago, aunque creo y siento que tengo que hacerlo, no me deja tranquilo. El dolor no se acaba atendiéndolo constantemente, siempre hay más y más. Las demandas, lejos de aminorar, aumentan. La gente siempre quiere más y más atención».

Ya han pasado varios años desde que se marchó de la empresa. Ahora trabaja para sí mismo y ayuda a su nueva mujer en su negocio. Esta es su forma de mantener a la nueva familia. Su mujer es fuerte, hermosa y sencilla, y le presta todo su apoyo, aunque no lo entienda muy bien. Ella ha vivido grandes sufrimientos y, como a él, estos la han hecho más fuerte.

«Señor, ¿qué tengo que hacer? Me estoy volviendo loco. Esto no puede ser así, tanto dolor y sufrimiento. ¡¡Tiene que haber otro camino!!».

Se le pasa por la cabeza dejarlo todo. Esto es demasiado difícil. Es más, le parece incomprensible que alguien que quiere ayudar a los demás tenga que sufrir y pasar por continuas penalidades.

«¡¡Es que Dios está loco!! ¿Qué espera de nosotros?», exclama más de una vez. No cree que el resultado de sacrificarse por los demás y sufrir con ellos deba ser más dolor.

Lleva inculcado en su inconsciente que, si solamente se preocupa de sí mismo, es un egoísta, y que el auténtico amor consiste en ocuparse de los demás y olvidarse de uno mismo. ¡Cuántas veces le han dicho que es egoísta por ir siempre a la suya! Sacrificarse es bueno y sufrir te acerca a Dios. Lo ha oído desde pequeño y esas palabras resuenan continuamente en su cabeza. Ocuparse de los demás está bien, pero no de uno mismo. Recuerda a su madre, que atendía lo justo a sus hijos, y se ocupaba en cuerpo y alma de rezar a su dios, y de cumplir con toda la liturgia que su religión le mandaba. Desde pequeño aprendió a ocuparse de sí mismo y ahora se encuentra en una encrucijada que le vuelve loco.

Entran en su casa unos ladrones y al único al que le roban es a él. Se llevan lo poco que tiene: unas ropas que su nueva pareja le ha regalado.

Cuando se da cuenta de ello, se queda en profundo silencio.

«Señor, yo ya los he perdonado. No sé muy bien para qué me pasa esto. Lo dejo todo en tus manos».

Tiene claro que no sabe ayudar al prójimo. Después de todo este tiempo, otra vez se ha quedado sin nada. La relación con su mujer todavía es precaria; quizás haya más necesidad que amor. Él vive en su casa, trabaja en su negocio y sigue sin nada.

«Si este es el camino, está claro que lo dejo».

Pero, aunque todo parece perdido, su mundo es una ruina y lo poco que ha construido ahora está derruido, algo le impide dejarlo todo. Un pensamiento alumbra su mente.

«¿A alguien le sirve lo que hago?, ¿alguien aprende de lo que hago y digo?, ¿alguien agradece mi labor?».

La respuesta a sus preguntas es un sí escueto y lacónico. Esto le empuja a seguir, y por supuesto sigue esta llamada interior.

El viaje continúa.

El héroe siempre se ha refugiado en la lectura. Ha leído, sin una dirección fija, aquello que le interesaba en cada momento: sobre política, autores clásicos, etc.

Ahora dirige sus esfuerzos a leer libros sobre otra manera de ver y entender el mundo, de percibir la existencia y la enfermedad. En las consultas que realiza casi cada día observa que las personas presentan patrones repetitivos. Entonces empieza a comprender, germina en él la idea de que el concepto de ayudar debe tener otra definición.

Una de sus primeras decisiones es dejar de ser el salvador de su familia. Varios de sus hermanos dependen de él y sufre con ellos. Una experiencia que le agotó fue ver a una hermana morir joven.

Repasa la vida de su hermana y se da cuenta de que vivió para todos menos para ella. Es el paradigma de dar la vida por los demás, que desemboca en la muerte real de quien aparentemente ama.

Aprende que lo que ella hizo no es amor hacia los demás, sino proyección de su profundo desamor por ella misma. Siempre estaba disponible para los demás y todos decían que era buena y maravillosa. Siempre sonreía, pero nuestro héroe acogía sus sufrimientos. No entendía nada, la quería ayudar y no hacía otra cosa que sufrir con ella. Todo era dolor. En cuanto podía, su hermana ya estaba presta a servir a los demás, y esto le consumió la vida.

Nuestro héroe toma una decisión radical: ya no va a prestar atención a los otros. Cambia su discurso. Cuando un hermano le llama para pedirle un favor, él le dice: «Siempre me llamas para pedirme algo. ¿Qué te parece si alguna vez me llamas para preguntarme cómo me encuentro?».

Aquí termina todo, de repente dejan de llamarlo y nuestro héroe tampoco los llama.

«Perfecto, parece que esto funciona. Estaba criando cuervos. Ahora lo entiendo».

Empieza a germinar en su mente la nueva comprensión de lo que significa el amor incondicional.

«Quizás el amor incondicional empiece por uno mismo y termine por uno mismo. A ver si resulta que ser egoísta es bueno y sufrir con los demás es malo. Bueno, al menos en mi experiencia parece ser así».

En contra de la opinión general y de lo aprendido en su niñez y juventud —que su nueva actitud es egoísta—, continúa con esta nueva orientación.

Sigue leyendo, estudiando y atendiendo consultas. Ahora ya se siente más equilibrado; ha aprendido algo muy importante: a utilizar correctamente su empatía. Sabe estar con el que sufre sin sufrir con él, y, si este persiste en sus posturas y en sus conductas, aprende a decirle adiós y a invitarlo a seguir su camino, pues está claro que no quiere cambiar y que lo que desea es que cambien los demás.

Se da cuenta de algo muy profundo: *cambiar a los demás es totalmente imposible*. Quien lo intenta y persevera acaba enfermo.

Claro, es lógico y normal. ¿Quiénes somos nosotros para saber qué es mejor para los otros? Se trata de una ley que no se puede transgredir. Aquí radica el problema del mundo: una mitad quiere cambiar a la otra mitad. Vemos nuestros demonios en los demás. Esperar que ellos cambien lleva a la máxima desesperación. Es la expresión de una rigidez mental que acaba destruyéndote.

Ahora nuestro héroe se siente capaz de afrontar nuevos retos, nuevas vicisitudes. Ha aprendido que el amor incondicional no consiste en sufrir con los demás y dejar que estos te utilicen una y otra vez hasta tu muerte, como le sucedió a su hermana.

Ha aprendido una lección fundamental. El amor incondicional es amarse a uno mismo siempre y hacer aquello que uno realmente siente y quiere hacer, nada más. El mayor regalo que se puede ofrecer es hacer brillar la propia luz para que los demás vean en uno lo que no saben ver en ellos. Enseñarles su poder, el amor hacia sí mismos, la autovaloración que lleva a un estado que permite sanar la vida.

Perderte en el sufrimiento y en los problemas de los demás no los ayuda, sino todo lo contrario: refuerzas sus paradigmas mientras tú te consumes.

Nuestro héroe aprende con qué facilidad es posible enredarse en la maraña de problemas de los demás, y que nuestra cultura y creencias te hacen vivir una vida que no es tuya, sino de tu programación inconsciente.

«Amarte, saber decir no en su momento, es el mayor regalo que puedo hacer a los demás. Está claro que a muchos no les va a gustar. No importa, mi valía no depende de lo que piensen los otros, sino de lo que yo pienso sobre mí mismo y de mi coherencia».

El hombre de negro

Bueno, querido lector, todavía no me he presentado ante nuestro héroe. Aún no está a punto de caramelo.

Él está entrando en una tesitura en la que tarde o temprano todos nos vamos a encontrar, si no estamos ya metidos de lleno en ella.

Todos vivimos hipnotizados. Muy pocos están despiertos. Si observas el mundo que te rodea, verás una auténtica locura. Pero la divinidad no está loca, lo está la mente que se cree separada del Todo.

Hay que empezar a desarrollar la conciencia de que estamos atrapados por unas creencias que determinan nuestra forma de percibir.

Una de estas creencias se refiere al egoísmo, y nuestro héroe la está transformando ahora mismo.

Grábate esto con letras de fuego: *el egoísmo proviene de la falta de amor por nosotros mismos.*

Nadie puede amar incondicionalmente a nadie si primero no se ama incondicionalmente a sí mismo. Cuanto más miedo tienes, más egoísta eres.

El egoísmo se basa en la carencia y en la creencia en la soledad. Por eso hemos elaborado una cultura egoísta, que nos hace creer que el egoísmo consiste precisamente en rechazarla. Pero en realidad lo que busca es hacernos sentir culpables para dominar nuestra voluntad. Lo dijo Napoleón: «Haz sentir culpable a tu enemigo y dominarás su voluntad».

Otra creencia que domina tu voluntad y afecta tu biología es la de que *hay que esforzarse para dar amor a los demás porque sufrir es bueno.*

Se cree que, si no se sufre, no se ama. Pero en realidad, con los años, ese sufrimiento se convierte en un amargo resentimiento.

Otra creencia muy importante consiste en tener miedo a la enfermedad. Pero la enfermedad se manifiesta cuando hay un desorden en la conciencia, cuando esta está atrapada en los juicios, en los posicionamientos, en tener razón. Se trata de un estrés innecesario. Nos acostumbramos a él y nos parece normal, pero causa estragos en la salud. El mundo dual tiene remedios para la salud, pero, en primera instancia, esta depende de cada uno.

Es necesario superar la adicción de justificarse constantemente. La conciencia no requiere justificación alguna.

Para cambiar nuestra vida, debemos cuestionar las creencias, pues estas nos mantienen en la intransigencia de la dualidad. Recomiendo encarecidamente el libro *Morir para ser yo,* de Anita Moorjani[1], quien trascendió la muerte física. En él encontramos esta potente frase: *«Para poder curarme fue preciso que hubiera una total ausencia de creencias».*

El gran recurso para superar cualquier problema es el perdón. No el perdón del ego («te perdono porque soy bueno»), sino el del espíritu («me perdono por haber cometido un error»).

Voy a despedirme con unas frases de Anita Moorjani que resumen lo que le está pasando a nuestro héroe. Con ellas os pongo ante él (je, je, je).

> *Yo era una persona que quería agradar a todos y que temía la desaprobación, viniera de donde viniera. Hacía lo que fuera para evitar que las personas pensaran mal de mí, y con los años me perdí a mí misma en el proceso. Estaba desconectada de lo que era y de quién era, o simplemente de lo que quería, porque todo lo que hacía estaba orientado a la aprobación de los demás, la aprobación de todo el mundo excepto la mía. Estaba inmersa en ser la persona que todo el mundo esperaba que fuera, hasta tal grado que realmente no sabía lo importante que era para mí.*

Esto es ser egoísta, no vivir tu vida.

«No quiero cambiar el mundo ni siento esa necesidad. Salir al mundo para querer cambiarlo querría decir que lo juzgo, y que por eso necesito arreglar las cosas para que encajen en mi propia visión o ideología» (Anita Moorjani).

---

1 *Morir para ser yo,* Anita Moorjani, Editorial Gaia, Madrid, 2013.

Por último, algunas reflexiones de *Un curso de milagros,* que nuestro héroe todavía no ha leído:

«No intentes ayudar a un hermano a tu manera, pues no puedes ayudarte a ti mismo» (T-12.I.6:10).

«Las interpretaciones que haces de las necesidades de tu hermano son las interpretaciones que haces de las tuyas propias. Al prestar ayuda la estás pidiendo, y si percibes tan solo una necesidad en ti serás sanado» (T-12.I.7:1-2).

«Si amarse a sí mismo significa curarse a sí mismo, los que están enfermos no se aman a sí mismos» (T-12.II.1:2).

3

CRUZAR EL UMBRAL

«Ves las personas y las cosas no como son, sino como tú eres».

Anthony de Mello

Nuestro héroe está cansado de buscar. Ha probado mil cosas, mil técnicas para hacer lo que se da en llamar un viaje espiritual. Sus sensaciones y sus sentimientos están en la lucha, en querer cambiar el mundo. Una búsqueda incesante, llena de impotencia, con la sensación de andar en círculos. En realidad se mueve en un mundo de retos espirituales en el que la premisa reinante es *encontrar la técnica más espiritual*, una especie de competencia para saber qué maestro y qué doctrina me conducirá a ese despertar. Es la búsqueda de un Shangrila donde vivir sin ningún problema y en un estado de tranquilidad permanente, donde el dolor, la enfermedad y el sufrimiento brillen por su ausencia.

Lee libros y más libros; los consume. Algunos le dan paz y tranquilidad, pero solo temporalmente. En su interior hay algo que le quema, y sabe que este no es el camino. Está encerrado en un círculo: quiere vivir en el mundo y alejarse de él. Lo que el mundo le ofrece es lo contrario de lo que él cree que debe hacer. Se halla atrapado en la dualidad de lo que está bien y lo que está mal.

El doctor David R. Hawkins, en su libro *Dejar ir*[2], lo expresa de forma meridiana:

> *Son multitud los que siguen caminos espirituales, pero escasos los que tienen éxito y se dan cuenta de la verdad última. ¿Por qué es así? Practicamos rituales y dogmas, y observamos con celo la disciplina espiritual, ¡y volvemos a estrellarnos! Incluso cuando algo nos funciona, el ego viene rápidamente y nos atrapa con el orgullo y la presunción, y pensamos que tenemos las respuestas. ¡Oh, Señor, sálvanos de los que tienen las respuestas! ¡Sálvanos de los rectos! ¡Sálvanos de los benefactores!*

Nuestro héroe está atrapado en lo que Hawkins llama «hacer el circuito»: «El mundo está repleto de bienintencionados, pero ingenuos, recitadores de mantras, trabajadores de luz, adoradores de objetos sagrados, amuletos, diagramas, lugares sagrados, ruinas, hechizos, lugares de peregrinación, templos antiguos, vórtices de energía y todo lo demás. A esto se le podría denominar hacer el circuito».

Esta lucha frenética lo consume, es más: lo vuelve loco. Afecta a su vida cotidiana. Su quehacer diario expresa esta dicotomía: por la mañana trabaja con su mujer para ganarse el pan de cada día y por la tarde se entrega a lo que él cree que es un servicio a los demás. Dos mundos apartados el uno del otro. Esto afecta seriamente a su salud, a su estado anímico y, por supuesto, al físico.

Esta experiencia de dolor, de profundo dolor, le lleva a pensar seriamente que se va a morir. Nuestro héroe está sumido en una enfermedad grave.

---

2 *Dejar Ir*, David R. Hawkins, Editorial El Grano de Mostaza, Barcelona, 2014.

Esta experiencia altera su visión de las cosas y le hace cambiar de percepción: *lo más importante es su vida*. Morirse para los demás es un sinsentido. Tiene que vivir su vida y no la de los otros. El amor empieza por uno mismo; cada uno tiene que hacer su camino y a cada cual se le presentará la oportunidad de cambiar.

Y sobre todo entiende que hay que estar presto a ser útil, al servicio, desde otra posición que hasta ahora ni tan siquiera vislumbraba. Hay que unirse al hermano, no a su sufrimiento. Esto lo deja muy claro *Un curso de milagros.*

«Sentir empatía no significa que debas unirte al sufrimiento, pues el sufrimiento es lo que debes negarte a comprender. Unirse al sufrimiento del otro es la interpretación que hace el ego de la empatía para establecer relaciones especiales en las que el sufrimiento se comparte» (T-16.I.1:1-2).

«El ego siempre utiliza la empatía para debilitar, y debilitar es atacar» (T-16.I.2:1).

Empieza a vivenciar la gran importancia de la mente, de su poder, y la urgencia de aprender a utilizarla.

Toma una decisión, la gran decisión, la única decisión: «Mi vida, mi proyecto de vida y mi trabajo tienen que ser uno solo. He dedicado años a la búsqueda, al estudio, a lo que creo que es servicio. Este no es el camino. Tiene que haber otra manera para servir».

El héroe empieza a orar: «Señor, hoy tomo plena consciencia de que estoy perdido. No sé cuál es el camino y menos el modo de recorrerlo. No creo que todo se centre en una especie de lucha. Por eso, Señor, hoy tomo la decisión de entregarte mi vida. Hoy sé que mi vida no me pertenece. Por ello decido que seas Tú el que la lleve, que la dirijas, que seas mi guía».

Cierra los ojos y da profundas gracias.

Nuestro personaje cruza el umbral, el punto de no retorno. Ya no hay vuelta atrás. Aunque se arrepienta, es imposible regresar. Le han explicado que, si lo intenta, puede caer en un estado peligroso de enfermedad.

Duerme, su conciencia está en duermevela. Unas semanas después de asumir su compromiso, escucha en su mente una frase lacónica y potente: «No te pares, pues, si lo haces, las energías que has movido te arrollarán. Sigue el camino, no te detengas».

No es una sensación apremiante, no se trata de miedo ni de un aviso de peligro. Solo es un aviso para que tenga plena conciencia del paso que ha dado.

Los guardianes

Todo camino tiene sus maestros, sus *guardianes,* como diría Joseph Campbell. Estos pueden presentarse de varias maneras: un libro, una experiencia con un maestro, un encuentro aparentemente fortuito, figuras mitológicas o históricas.

Lo que aún no sabe nuestro héroe es que él tendrá unos guardines de lo más curiosos, que le acompañarán durante muchos años en su proceso de despertar.

Se le presentan varios guardianes. Uno le da un vuelco a su vida a raíz de una petición al Universo, al Campo, a la Matriz que sustenta todas las cosas: «Señor, ya estoy cansado de hacer cursos y más cursos. Padezco de *cursitis*. Quiero hacer el curso de los cursos».

La respuesta a sus oraciones le viene en forma de un libro llamado *Un curso de milagros* (en adelante, *UCDM* o el

Curso): un regalo de una persona agradecida por haberla guiado a otro estado de percepción y de equilibrio emocional en su vida.

El libro es todo un reto, pues choca de frente con todo lo que él ha eliminado de su vida, la religión. Le molestan mucho las palabras que usa, pero siente que aquí están la respuesta y el camino. Una frase le cautiva: «Si quieres aprender, enseña. Solo así podrás hacer tuya la enseñanza».

Y otra: «Tiene que haber otra manera».

También encuentra una guía para su necesidad interior: «Tu petición de "quiero ayudar" se la debes entregar al Espíritu Santo. Él será tu guía, tu mentor, te dirá adónde debes ir, qué hacer, y tú solamente tienes que apartarte.

Yo te dirigiré allí donde puedas ser verdaderamente servicial, y a quien pueda seguir mi dirección a través de ti» (4-VII;8:8).

«¡¡Eureka!! Lo encontré, esto es justo lo que he pedido. Tengo que enseñarlo para así aprenderlo».

Obviamente no sabe cómo hacerlo, se le está olvidando que ha tomado la decisión de ponerse en manos de Aquel que sabe lo que es mejor para todos.

En el «Manual para el maestro», lee: «A cada uno de los maestros de Dios le han sido asignados ciertos alumnos, los cuales comenzarán a buscarle tan pronto como él haya contestado la Llamada» (M-2.1). Y: «Cuando alumno y maestro se encuentran, da comienzo una situación de enseñanza-aprendizaje, ya que el maestro no es quien realmente imparte la enseñanza» (M-2.5:1-2).

«En realidad no hay que hacer nada. ¡Qué difícil parece esto!».

El resquicio de luz

El héroe ha tomado un nuevo camino, una nueva dirección. Aquí empiezan nuevas dificultades, cae una y otra vez en la trampa y en la confusión acerca de cómo gestionar la ayuda. Su mente está atrapada en el «hacer», en el cómo y en el cuándo.

Los diferentes mitos van cayendo, se transforman en su mente, y cada uno de ellos se cobra su peaje de alguna manera.

Como el mito de que *sufrir y sacrificarse es bueno*. La gente cree que, si no se sufre, no se ama, y que el amor sin sacrificio no es auténtico. Tienen una gran confusión con respecto a lo que significa ser egoísta. Si antepones tu bienestar al de los demás, eres egoísta. Cuando empiezas un camino de autenticidad y de coherencia, surgen *demonios* en el camino: todas las personas que te atacan y te cuestionan una y otra vez. No hay forma de poder convencerlas.

Alguien dijo: «Si te dicen que eres egoísta porque no haces aquello que los demás piensan que debes hacer, mi pregunta es: ¿quién es el egoísta?».

El *Curso* empieza a tomar forma en la vida del héroe cuando profundiza en una frase que le impacta mucho: *«No puedes ayudar a nadie si tomas en serio su sufrimiento»*.

«¿Qué querrá decir "si tomas en serio su sufrimiento"?».

Otro mito empieza a tambalearse: el de creer que *se puede gustar a todo el mundo y que hacerlo es ser buena persona*. Simplemente es agotador y tremendamente egoísta, pues consiste en dejar de ser tú mismo y engañar al otro con actos, palabras y hechos que piensas que lo van a hacer feliz. Ahora él lo comprende perfectamente: antes vivía para los demás y se había olvidado de sí mismo. En el fondo esto supone una profunda desvalorización y una gran culpabilidad inconsciente.

Esta necesidad patológica de control consume a la persona hasta el punto en que el sistema biológico no puede más y se derrumba.

Toma conciencia de que no puede agradar a todo el mundo. Si pretende hacerlo, solo consigue oposición. Este es uno de los mayores obstáculos que encuentra nuestro héroe. No se había planteado lidiar con este escenario, convertirse en diana por hacer lo que siente que debe hacer.

Cosecha críticas y acusaciones que lo estresan y lo agotan.

«¿Por qué la gente se mete en mi vida, si yo no me meto en la suya? Bueno, pensándolo bien, cuando uno expone nuevas ideas, contrarias a las generales, parece normal que haya oposición. Está claro que la gente se irrita porque ha creado un sistema de creencias que es como un dogma y, si se siente cuestionada, le puede entrar miedo».

Un día nuestro héroe, sentado en la esquina de su cama, cabizbajo y pensativo, se cuestiona con resignación el camino elegido : «Estoy cansado, Señor. Pienso que no estoy a la altura de las circunstancias».

De pronto se cae un libro pequeño y delgado de la estantería, y queda abierto en una página: «Te recuerdo que tú has establecido el compromiso que tenemos».

«¿Cómo es posible que se haya caído este libro tan pequeño, si estaba entre otros?».

«Gracias, Señor, por recordarme que yo no llevo esto, que no soy el hacedor, que estoy en tus manos».

Toma conciencia de que los demás le proyectan sus propios miedos e inseguridades. Otro mito se derrumba: *«Tú no puedes herir ni ser herido, y son muchos los que necesitan de tu bendición para poder oír esto por sí mismos»* (T-6.I.19:2).

Solamente puedo hacerme daño a mí mismo cuando renuncio a ser yo mismo. Mi coherencia emocional, aunque moleste al otro, es mi mejor regalo al mundo.

Nuestro héroe empieza a vislumbrar un cambio de paradigma, una nueva verdad: *la enfermedad es una consecuencia directa del propio estado mental*. La mente no está al margen del cuerpo y este responde al estado emocional. Cuando los sentimientos y emociones no están en coherencia, esto se manifiesta en el cuerpo.

El héroe entra en una especie de batidora mental. Pensamientos y creencias se derrumban: el mundo al revés.

«Todo lo que me enseñaron y aprendí se puede percibir de otra forma. Ahora veo escrito lo que intuía, y resuena en mi corazón como una gran verdad».

Y sigue leyendo: *«El pensamiento no se puede convertir en carne excepto mediante una creencia, ya que el pensamiento no es algo físico»* (T-8.VII.7:4).

«¡¡Guau!! La creencia es la clave. Sin creencias no hay percepción. Y para percibir hay que juzgar. Y juzgamos continuamente, lo hacemos sin pensar. ¡Dios mío!».

«Una de las ilusiones de las que adoleces es la creencia de que los juicios que emites no tienen ningún efecto» (T-3.VI.2:7).

«¡Estamos dormidos, adoctrinados! Somos zombis, seres que creen escoger libremente. Pero, más que pensar, somos pensados por las creencias que nos han inculcado. No me extraña que, cuando presentas estas ideas a *Zombilandia*, las gentes se enfurezcan y pretendan descalificarte. Son sus miedos».

Todos estos cambios de percepción empujan al héroe, es un arrobamiento, un no mirar atrás. Es un punto de no retorno que causa vértigo, pues empieza a tener la certeza de que la causa está en él mismo y que lo que le rodea es su proyección inconsciente.

«El mundo al revés. ¡Todo este tiempo he creído que debía protegerme de lo externo, y en realidad tengo que protegerme de lo interno! Nuestra programación es el quid de la cuestión. Nosotros somos nuestros enemigos».

«Nosotros somos nuestros enemigos».

«Nosotros somos nuestros enemigos».

«¿Dios, cómo se digiere esto?».

«No hay pensamientos fútiles. Todo pensamiento produce forma en algún nivel» (T-2.VI.9:13-14).

El héroe recuerda su compromiso: «He entregado mi vida a la Vida; dejaré que todo suceda».

Y lee: «Si estás preocupado por problemas financieros, amorosos o de relaciones familiares, busca en tu interior la respuesta para calmarte. Tú eres el reflejo de lo que piensas diariamente» (Aristóteles).

4

LOS ENCUENTROS

«Los pecadores dicen a menudo la verdad. Y los santos han guiado a la gente por el mal camino. Examina lo que se dice, no al que lo dice».

Anthony de Mello

Nuestro héroe vive una nueva vida, una vida que él cree que es más espiritual. Atiende consultas en su casa sin cobrar. Aprende a utilizar su empatía y empieza a darse cuenta de la importancia de la relación entre el estado emocional y la enfermedad.

Su gran sufrimiento derivaba de creer que se puede cambiar a los que sufren. Confundía ayudar con implicarse emocionalmente en los problemas de los demás. No se daba cuenta de que el auténtico cambio está en uno mismo y que ayudar a otros esperando que cambien produce el efecto contrario y crea dependencia.

Todavía está muy lejos de saber vivir y de entender la auténtica ayuda y colaboración con el prójimo.

Dedica todas sus tardes a recibir en su casa a las personas que lo solicitan. Le sorprende que cada día venga más gente a pesar de que no se anuncia en ningún sitio. Tampoco le importa, pues no lo hace para ganarse la vida, sino para sentir que colabora en el bienestar de las personas.

Vivir con las energías

Aprende y desarrolla diferentes técnicas a las que se atribuyen cualidades curativas. Todas ellas tienen que ver con las energías: imposición de manos, piedras, cromoterapia, esencias florales, etc.

Una vez un doctor le invita a una charla sobre esencias florales. Acepta, y un fin de semana se reúne en una casa con una veintena de personas, todas ellas semiacomodadas en el comedor. Encima de la mesa hay unas cien botellitas. Se sienta en un rincón para observar atentamente con el fin de aprender.

«Bueno, aquí estoy. Veamos qué es esto de las esencias florales. Como haya que aprender las cualidades de todas ellas, ¡vayan follón!».

El doctor que le ha invitado se presenta y habla un poco de las cualidades de las esencias florales y de su capacidad de influir en los estados emocionales de las personas para ayudarlas a tomar decisiones más adecuadas.

De repente, el doctor se dirige a nuestro héroe y dice: «Aquí tenemos a alguien que nos va a enseñar cómo escoger las esencias que, por ejemplo, necesita esta persona», y señala a una.

«¿Ah sí?, mira qué bien —piensa él mientras se levanta—. ¿Qué tendré que hacer? Voy a mirar a la persona escogida por el doctor y a ver qué siento».

Sin pensar, impulsivamente, coloca su mano sobre las botellitas, la pasa con lentitud y escoge unas cuantas. Luego dice: «Creo que estas son las que ahora necesita esta señora».

Entonces el doctor les dice a los presentes: «Así es como se escogen las esencias; ahora les hablaré de ellas».

El héroe todavía no es consciente de la enseñanza que acaba de recibir, de la información que se ha activado en su inconsciente. Desde ese día trabaja con las esencias sin conocer sus cualidades, que va aprendiendo en su quehacer diario. Pronto se da cuenta de cómo se relacionan unas con otras cuando están frente a las personas y de lo mucho que le dicen sobre estas. Además, en su diagnóstico, establece una especie de niveles energéticos y observa cómo estos influyen en la gente. Forma con las esencias una estructura arbórea.

«Todo vibra, las esencias tienen vibración, y noto cómo vibran en relación con la propia vibración de las personas».

Un sueño premonitorio

Es llevado a una especie de templo y en el altar hay como una luz incandescente que no quema ni da calor. Además, su brillo está muy lejos de ser cegador.

«¿Qué hago aquí? ¿Qué estoy sintiendo? Parece como si esta luz quisiera hablarme. Cuanto más la miro, más tengo la sensación de que me está dando una información».

«Soy Consciencia. Por eso no tengo forma».

«¡¡Dios mío, qué es esto!! Siento la voz en todo mi ser. No hay voz ni sonido. ¡Qué paz y tranquilidad me embargan!».

«Has pasado por el umbral. Es un punto de no retorno. Recuerda tu compromiso. Se te guiará en tu camino. Comprenderás la relación con el Todo».

De repente, nuestro héroe se siente empujado hacia el umbral de una puerta. Esta se abre y se encuentra en un pasillo muy largo y lleno de gente que parece que no le ve.

Al fondo del pasillo ve un signo luminoso suspendido en el aire. Este se fija en él y sale a toda velocidad hacia él. El impacto es tremendo; choca contra su pecho.

El héroe se despierta de golpe en su cama mientras oye sin oír: «Esto sella nuestro compromiso».

Son las cuatro y media de la madrugada. El héroe está aturdido y se pregunta qué ha pasado.

«Esto es más que un sueño».

No puede resistir el deseo de despertar a su mujer, a su compañera. Siente necesidad de contarlo, ¿y a quién mejor que a esta mujer que le ha dicho que siempre estará con él?

Encuentro con el lado oscuro

Una noche se presenta en su casa una pareja que conoce para pedirle ayuda. La mujer está muy alterada y no deja de mascullar palabras y ruidos incomprensibles. Su voz es gutural, ronca, y, ante su sorpresa, sus perros se ponen a ladrar frenéticamente; sorpresa que aumenta cuando ella también les ladra.

Entran en la consulta. El marido, un hombre de más de cien kilos, no puede mantener quieta a su mujer encima de la camilla. Las ventanas de la habitación tiemblan, la camilla no para quieta y la atmósfera es aterradora. La mujer del héroe está en casa, arrodillada y rezando. Más tarde le dirá que todo temblaba.

«¡¡Te voy a matar!!», grita la mujer.

Los ojos de la consultante parecen salírsele de las órbitas. Su marido, con cara de pánico, la sujeta con fuerza. Ella mira fijamente a nuestro héroe con la cara llena de odio y la boca abierta enseñando los dientes, en señal de su intención de morderle si se acerca.

Él lo contempla todo y siente una paz profunda. Recuerda el sueño tan vívido que tuvo hace unas semanas. Ahora comprende lo que significa el símbolo brillante suspendido en el aire. Acerca su garganta a la boca de la mujer y le dice: «Quieres morderme, ¿verdad? Pues aquí tienes mi garganta para que puedas hacerlo. Quiero que sepas que no te tengo miedo y que te amo».

De repente todo se calma, la mujer recupera su voz, llora, le da las gracias y le cuenta que se sentía poseída por una fuerza demoníaca y que odiaba a todo el mundo. Se abrazan. El marido llora en una esquina. Nuestro héroe no acaba de comprender lo sucedido, pero siente en todo su ser una fuerza que le cambia radicalmente la vida.

«Es la fuerza del compromiso. Es la fuerza de donde emana Todo. Hay una vida más allá de lo que llamamos vida. Lo he sabido siempre. Hay una energía que lo sustenta Todo».

Sellar el compromiso

El héroe vive un sueño intenso, lúcido. Camina hacia un altar junto a una mujer morena. Siente que la ama profundamente. Está convencido de que se van a casar. El pasillo está repleto de flores de múltiples colores; se huele su fragancia. Todo es armonioso, lleno de amor, de paz. Siente que vive un instante sagrado.

Cuando se acercan al altar, antes de subir los escalones, la mujer le mira, le da las gracias y se despide de él. Le señala a otra joven que está en el altar, aparentemente esperándolo.

Al mirarla, él queda prendado de ella. Siente un amor profundo hacia esta mujer. Mira hacia atrás y se pregunta: «¿Qué está pasando? ¿Cómo es posible que mi amor haya cambiado?».

La joven morena le mira a lo lejos con ternura y le da las gracias.

«Sigue tu camino, querido. Ahora la vida te da una nueva compañera. Todo está bien».

Él está en el altar junto a su nueva compañera.

«Estás aquí para sellar el compromiso que tienes con la vida —le dice el sacerdote—. Aquí está el documento que en su día tú nos pediste. Debes firmarlo».

Él lo firma con la certeza de que ya no hay vuelta atrás y de que ha entregado su vida a la Consciencia de una forma consciente. Mira a la mujer; esta le sonríe y asiente con la cabeza: «Yo soy tu nueva compañera. Nuestro proceso empieza ahora. Gracias».

Se despierta abrumado.

«¡¡Dios!!», exclama.

Los hombres de negro

El héroe ya lleva bastante tiempo de aprendizaje. De una forma espontánea, empieza a explicar y transmitir mensajes. Es un especie de sanador; trabaja con energías. Su consulta y sus seminarios se llenan de gente. Todo fluye. Se siente guiado.

Una noche como otra cualquiera, se siente cansado. Necesita dormir. Entra en un profundo sueño, un sueño que para él es absolutamente real. Está en su quehacer diario, con las personas que ve cada día. La joven que atiende las llamadas se le acerca y le comenta que alguien quiere hablar con él urgentemente. Ella está nerviosa, temblorosa, casi excitada.

Él se acerca al mostrador y ve a un hombre que le da la espalda. Es alto, casi de dos metros, y viste un traje pulcrísimo de color negro.

—Hola, ¿en qué puedo servirle?

El hombre se gira y, con una amplia sonrisa, le dice:

—Tengo que hablar contigo. Es muy importante.

Nuestro héroe se queda paralizado ante la belleza del semblante de este hombre. Mientras caminan juntos hacia su despacho, le pregunta:

—¿Qué ocurre?

—Vengo de parte del Jefe para darte una noticia.

—Dime, por favor.

—Te ha llegado la hora de despedirte de todo el mundo. El Jefe me ha ordenado que te lo comunique para que te prepares tranquilamente. Parece que tu trabajo aquí ha terminado.

—¡¡Cómo!! Pero si no hace mucho firmé un contrato para hacer lo que se me ha encomendado aquí en la Tierra.

—Ya sabes el sentido del humor que tiene el Jefe. Órdenes son órdenes, ya lo sabes.

El héroe asiente con la cabeza y empieza a despedirse de todas las personas que conforman su vida. Se despide con ternura de su mujer, que curiosamente lo hace con una sonrisa. La besa, la abraza y le da las gracias por su lealtad y su cariño. Todas las personas van pasando en fila. Parece que todas estaban preparadas, como si ya lo supieran. No tiene que buscarlos, todos están allí.

—Bueno, ya estoy preparado. Cuando queráis —ahora los hombres de negro son dos—.

—No, querido amigo. Tú sigues con el compromiso; sigues aquí, con la labor que se te ha encomendado.

—Muy bien, muy graciosos. Ha estado bien la broma.

—Solamente se te ha puesto a prueba para comprobar tu desapego y tu disposición para abandonar lo que parece real. Gracias.

—Nos volveremos a ver.

Despierta con la sensación de que todo es muy efímero, de que todo es tan grande y está tan correlacionado que resulta abrumador. Siente que todos estamos arropados por un manto de energía que nos da vida a cada uno. Con gratitud en su corazón y una sonrisa en el rostro, se vuelve a dormir acariciando la espalda de su mujer, dormida a su lado.

La rendición

Nuestro héroe vive una experiencia transpersonal que lo lleva directamente a un templo budista en Nepal.

Entra en una sala espaciosa, bordeada por enormes columnas. Hay una hilera de monjes a cada lado y al fondo está el monje que parece mandar. Está sentado según los preceptos budistas, con las piernas entrelazadas y la espalda recta. Tiene los ojos cerrados.

El héroe camina entre las dos hileras de monjes. Estos le hacen preguntas sobre la vida, la conciencia, los apegos y la divinidad. Exigen respuestas rápidas: cuando hacen cada pregunta, los monjes dan una palmada y hay que contestar en el acto.

Así lo retienen un buen rato. De pronto, el lama que está sentado levanta la mano y abre los ojos. Le dice:

«Veo que estás preparado para recibir una enseñanza cuya práctica te llevará al despertar que tanto anhelas. Escúchame bien, no te preocupes de recordarla, pues ya encontrarás el contenido de todo lo que yo te diga en libros que caerán en tus manos. Lo que importa ahora es que sientas que esta información te llevará a una vibración que te permitirá desarrollar tu obra en el mundo.

»Tu futuro viene determinado por la vibración y la cualidad de tu conciencia en este instante.

»La rendición permite que surja una vibración coherente de tu conciencia.

»La rendición no es la pasividad propia de la resignación.

»Rendirse es la sabiduría de ceder en lugar de oponerse al flujo de la vida que trae los aprendizajes que deben integrarse, fruto de tu estado o cualidad de conciencia.

»Rendirse es aceptar el momento presente de manera incondicional. Renunciar a los apegos y a la resistencia.

»Rendirse es renunciar a los juicios y a la creencia de tener razón.

»La rendición te permitirá liberarte del dolor y la tristeza, frutos de tu resistencia.

»La aceptación te liberará de las ataduras de la mente y te conectará con el Ser. La mente es la única que se resiste. Está plagada de creencias, valores, dogmas, rutinas.

»No necesitas aceptar una situación desagradable ni decir que todo está bien. Céntrate en el ahora, sin juicios ni condenas. Este estado de rendición te llevará a actuar para salir del estado disonante. Lo harás con un estado de conciencia coherente.

»Practicarás la rendición hasta conseguir el estado deseado, con una mente exenta de juicios. Aquí se encuentra la maestría, pues te liberas de la mente reactiva, la que no soporta la frustración.

»La rendición te permite mantenerte en el ahora. Es saber que todo lo que vives es tu pasado y tu posible futuro. Te hace estar plenamente en el ahora.

»Tu vida está marcada por patrones inconscientes que se van manifestando. Solamente con la rendición te puedes liberar de ellos al transformarlos.

»Con el estado de rendición permites que fluya a través de tu mente la energía del Ser, pues te liberas del deseo de que las cosas sean como a ti te gustaría.

»La rendición te inspirará acciones y conseguirás objetivos no imaginados. Estás plenamente conectado con la Fuente.

»En este estado de no resistencia, tu conciencia alcanza niveles de vibración muy elevados. Esto te lleva a ser un creador consciente de tu realidad.

»Te darás cuenta de que no tienes que hacer nada; los resultados vienen solos y poseen la cualidad de tu conciencia.

»Como dijo Jesús, "no te preocupes por el mañana; cada día trae su afán".

»Con la plena rendición, tu estado de conciencia deja de reaccionar con el exterior. Te enfocas en la situación y dejas que la Gran Consciencia la transforme.

»Está escrito: "No hay que hacer nada". Este es el estado de rendición.

»Estás en el momento presente, realizas las acciones pertinentes y te rindes a lo que tenga que venir. Dejas todas las elucubraciones acerca del día de mañana. Te rindes a lo que pueda pasar y actúas con la conciencia del presente libre de juicios.

»Si no puedes hacer nada, sigue en la rendición el tiempo que haga falta. Tu mente está en el ahora. A este proceso se le llama indagación; buscas en tu interior la culpa y el miedo que son la causa de tu experiencia. Cuando los encuentres, se iluminarán a la luz de tu conciencia. El cambio se te presentará.

»La resistencia se oculta muchas veces de una manera muy sutil. Lo hace con frases como "esto ya no me importa", "esto no me afecta". La resistencia se disfraza de pasotismo.

»Mantente alerta; mantén tu mente enfocada en encontrar estas resistencias.

»La rendición es una meditación activa. Es un estado de alerta que te llevará a despertar».

(Diálogo inspirado en *La sabiduría de la rendición* de Eckhart Tolle)[3].

3 https://www.youtube.com/watch?v=lThsiccUskk

5

TODO ES UN SUEÑO

«La mayoría de las personas han sufrido tal lavado de cerebro que ni siquiera se dan cuenta de lo infelices que son, como el hombre que sueña y no tiene ni idea de que está soñando».

Anthony de Mello

Nuestro héroe se encuentra frente a alguien ya conocido, el hombre de negro. Está tranquilo.

—¿Estoy en un sueño?

—Todo es un sueño; ven conmigo.

Lo lleva a otro mundo, y una vez allí le explica:

—Como puedes ver, este mundo es muy oscuro, es gris.

—¿Cómo hemos llegado hasta aquí?

—Ahora no es el momento de explicarte cómo se viaja. Observa lo que está ocurriendo aquí.

El héroe observa que hay mucha gente; están realizando un trabajo sin sentido. Lo que ve es como una mina al descubierto; unos pican abajo, en la profundidad, y otros recogen la arena y las piedras que estos sacan y las llevan a la cima de una montaña donde lo arrojan todo. Pero, curiosamente, todo vuelve a caer al hoyo donde están picando. El ambiente es oscuro, la gente está muy sucia y sus semblantes muestran desconcierto y resignación.

—¿Por qué hacen esto? ¿Por qué están aquí?

—Porque quieren. Así lo han decidido. Sus creencias determinan a qué morada irán cuando abandonen el cuerpo, lo que llamáis muerte. En el universo todo lo que ocurre está en coherencia con la forma de pensar y sentir que cada uno elige experimentar. El problema es que no se es consciente de ello; se trata de una elección totalmente inconsciente, gobernada por las creencias.

—¿Cuánto tiempo estarán aquí?

—Ya sabes que el tiempo es relativo. Por lo tanto, no es cuestión de tiempo, sino de nivel de conciencia.

—Explícate, por favor.

—La Bondad no puede intervenir, pues ha dado la capacidad de elegir lo que cada uno quiere vivir y experimentar.

—¿La Bondad permite sufrir?

—La Bondad no está a favor ni en contra del sufrimiento. No lo conoce en absoluto. El sufrimiento es una característica de la dualidad, que, como ya sabes, se basa en la creencia de que estamos separados. Cada uno es dueño y responsable de sus decisiones y de albergar sus creencias. Observa a esta alma que viene hacia nosotros. Como ya has visto, nadie nos ve, pero esta sí.

Un alma se les acerca y los mira fijamente. Su semblante cambia, sus ojos se abren absortos en su presencia. Mira a su alrededor; todo parece indicar que su conciencia es otra. Se está cuestionando lo que hace allí.

—Dejarás de sufrir cuando te canses de sufrir —frase de *UCDM*—. Tú ya conoces la película más allá de los sueños. Fíjate en el título, por favor. ¿Qué te sugiere?

—Creo que el título lleva implícito que estamos en un sueño y que podemos ir más allá de él. Alcanzar algún estado de conciencia en que sepamos que somos creadores de nuestra realidad.

—Exacto, así es. Como has leído en el libro que con tanto énfasis pediste: «Es imposible que un Hijo de Dios pueda ser controlado por sucesos externos a él. Es imposible que él mismo no haya elegido las cosas que le suceden» (T-21.II.3:2).

—¿Cómo es posible esto?

—Todo empieza con la creencia de que estamos separados. La consecuencia es la creencia en la escasez. La separación implica soledad, carencia, en definitiva, miedo.

—¿Por qué tenemos miedo?

—El miedo es una creación del Hijo de Dios. Es la fe absoluta de que te puede ocurrir algo en contra de tu voluntad; una fe del ego.

—¿Qué es el ego? De alguna manera, todas las filosofías y religiones hablan de él y lo consideran malo.

—El ego no es bueno ni malo, es necesario para vivir en este estado de conciencia. Pero ninguno de nosotros es cuerpo, ni mente, ni ego. No obstante, son necesarios para poder experimentar la separación, a la que llamamos sueño porque no es real.

«No hay que luchar contra el ego, sino ponerlo en su lugar: quitarlo del trono de nuestra mente, pero sabiendo que es necesario para experimentar la separación y así trascenderla. Luchar contra el ego lo fortalece y le da más poder. Conviértelo en tu amigo, pero no le prestes demasiada atención. Como dijo la mujer cananea al maestro Jesús, «hay que darle migajas a los perros», y este la curó gracias a su gran fe.

«"Desde tu ego no puedes hacer nada para salvarte o para salvar a otros, pero desde tu espíritu puedes hacer cualquier cosa para salvar a otros o para salvarte a ti mismo. La humildad es una lección para el ego, no para el espíritu" (T-4.I.12:1-2).

»El ego, como ya te he dicho, es imprescindible para estar en el mundo. Nos permite discernir, discriminar, algo necesario en el proceso de despertar para entender que las polaridades se complementan y que no se tienen que eliminar. Creamos el ego para aprender a trascenderlo y así experimentar la unidad en su plenitud. Jugamos a *no ser* para adquirir el conocimiento del Ser.

»Has de saber que la conciencia —el nivel de la percepción— fue la primera división que se introdujo en la mente después de la separación, convirtiéndola en un instrumento para percibir en vez de un instrumento para crear.

—Por lo que veo, la percepción es la clave de todo.

—Así es. Como no hay conciencia del poder de la percepción, se utiliza de forma incorrecta. El error es creer que todo lo que se percibe es verdad. No nos damos cuenta de que interpretamos continuamente. Por eso, lo primero que hay que sanar es la percepción, pues ella determina en gran manera las experiencias vitales.

»La percepción se alimenta de los juicios y estos se sustentan en las creencias. Si la creencia fundamental es la escasez, el miedo a perder o a no tener alimenta al ego, y cuanto más miedo tenemos, más egoístas nos volvemos. El egoísmo necesita defensa, y esta siempre se apoya en los juicios.

—Entonces, este ser que nos ha visto quizás piense que no vale la pena seguir haciendo lo que hace.

—Se está perdonando. El perdón a uno mismo es la gran liberación. No hay que perdonar a los demás cuando comprendes que tú eliges tus experiencias.

»Bien, mi querido héroe, es el momento de volver.

—¿Por qué me llamas héroe?

—Todos y cada uno de los Hijos de Dios tienen la opción de ser héroes. Vivir la experiencia de liberación allana el camino a otros. Algún día comprenderás que tus acciones no caen en saco roto y que cualquier acción afecta a todos.

»Siempre sois libres de elegir en contra de las probabilidades que tienen más peso, y de tomar decisiones que impliquen mayor cantidad de energía. Esta libertad os convierte en personas responsables. Así os eleváis por encima de las circunstancias de la vida hasta conseguir hechos inimaginables. Sois héroes porque vuestras decisiones cambian la vida de muchos, pues de alguna forma les facilitáis el camino».

Nuestro héroe despierta en su cama. Mira el reloj: son las cuatro y media de la madrugada. Tiene la sensación de haber pasado mucho tiempo con el hombre de negro.

Se queda con una enseñanza fundamental: *«Mi percepción determina mi experiencia.* En esto radica mi libertad emocional».

****

«Hola, querido héroe, ¿estás listo para emprender otro viaje?».

El hombre de negro está sentado en un gran espacio; parece un templo lleno de columnas. Salen al exterior y el hombre de negro le hace ver cómo es ese mundo en el que él habita.

«Como puedes ver, nuestras ciudades y sus edificios son pura energía».

Todo lo que ve el héroe son edificios que brillan, conformando estructuras más o menos complejas. La luz parece tener vida propia; cambia de tonalidad y de vibración.

—Se relaciona con la conciencia de los que están en cada edificio. De alguna manera, el edificio muestra el nivel de vibración de quienes lo habitan.

—Pues aquí nadie puede esconder nada.

—El nivel de conciencia que tenemos no considera que haya nada que esconder. La Esencia Inteligente que conforma el universo siempre sabe. Nosotros somos conscientes de ello. Entonces, ¿qué sentido tendría ocultar algo?

—¿En la Tierra pasa lo mismo?

—En la Tierra y en todos los lugares del universo. No hay pensamientos que se pierdan, y menos juicios. Esto es algo importante que debéis aprender los habitantes de la Tierra. Si fuerais conscientes del poder de vuestra mente, tendríais mucho más cuidado antes de hablar. Evitaríais todos los comentarios superfluos y sin base. Dejaríais de suponer y de buscar justificaciones.

—Viviríamos en otro mundo.

—Exacto, de eso se trata.

—¡Lo veo tan lejos!

—Nada está lejos ni cerca. No hay espacio ni tiempo absoluto. Todo es relativo, todo es conciencia. Un cambio profundo en la forma de pensar y de percibir os llevará a otro estado de cosas. Es Ley.

—Explícame más cosas de este mundo.

—No hay animales, agua ni aire. Estamos fuera de la dimensión del planeta Tierra. Aquí todo es energía que se manifiesta. No hay ego. Tenemos plena Consciencia de quienes somos.

—¿Cuál es vuestra labor?

—Somos guardianes.

—Explícate, por favor.

—Cuidamos, apoyamos y colaboramos con aquellas almas de distintos universos que están despertando. Vamos allí donde somos útiles, donde las almas nos necesitan de acuerdo a la vibración que emanan. Observamos, y esa observación sin juicio refuerza la esencia de todas las cosas. El juicio siempre es separación, desarmonía, y siempre se manifiesta en la vida de cada uno con dolor, penas y sufrimientos.

—¡¡Ostras!! Sois como una especie de ángeles.

—Sí, se nos podría llamar así. Hay otras entidades que vibran a niveles de conciencia más elevados. Son luz y se pueden manifestar de infinitas maneras según las creencias de cada mundo.

—Los humanos, algún día (ya sabes que es una forma de hablar), seréis pura información, pura energía. Ya lo sois, en realidad, pero os identificáis con el cuerpo, lo hacéis tan tangible que tenéis que comer para mantenerlo con vida. Vuestro sistema digestivo se adapta a todos los alimentos. Algunos alimentos y bebidas, como el vino, muestran vuestro gran ingenio. No me preguntes, ya sé lo que me quieres decir. Un gran maestro dijo: «No es malo lo que entra por la boca, sino lo que sale de tu corazón».

»Un consejo, amigo héroe: no caigas en la trampa de creerte más espiritual que otros por no comer o por comer determinadas cosas, por hacer o dejar de hacer, por vestir de cierta forma, por ir a lugares santos o rezar oraciones mejores que otras. Todo es sueño, todo esto es ego. Se le llama ego espiritual. El ego siempre se compara, así libera su existencia.

—Por favor, dime algo más de la dinámica del ego.

—Vamos allá, me gusta tu inquietud, así es como se evoluciona. Su iglesia se basa en las siguientes creencias:

»En creer que, si no cambias, encontrarás la paz.

»En creer que debes hacer algo para demostrar tu valía.

»En creer que puedes hacer algo para salvar a los demás.

»En creer que, si das, pierdes. Te enseñan a dar para obtener.

»En creer firmemente en las comparaciones.

»En creer que debes valerte por ti mismo para solucionarlo todo.

»En creer en la carencia.

»La dinámica psicológica del ego tiene estas características:

»El ego intoxica con sus opiniones, sus rumores, sus miedos y sus insatisfacciones.

»El ego vive de los derechos y poco de los deberes.

»Siempre busca más, pide más, nunca tiene bastante. Siempre evalúa y juzga. Culpa a los demás, se inhibe, no se responsabiliza, se excusa siempre.

»Opina sin saber, supone sin fundamentos, proyecta inseguridad y ansiedad.

»Ve el lado oscuro de las cosas.

»Sus mayores afanes son la crítica y la negación de la virtud.

»Le encanta el pasado para proyectarse en el futuro.

»Utiliza la lástima y el dolor para vengarse y justificar sus actos.

»Se alimenta de la atención explicando historias de dolor.

»Vive de la identidad y de la comparación.

»Siempre se queja; critica para sobresalir.

»¿Quieres saber quién es el héroe del sueño?

—Por supuesto.

—El ser humano se siente separado. Para poder vivir esta experiencia de separación, necesita un vehículo, y este es el cuerpo.

»El cuerpo es un vehículo de la conciencia. Tienes que saber que este cuerpo ha sido creado por la conciencia y no por la divinidad. Para poder estar en este mundo llamado Tierra se necesitan un cuerpo, una mente y un ego.

»El ego es creación de la mente que se siente separada, es una identidad con la que la mente se siente satisfecha. Primero el ego se identifica con el cuerpo, que hace suyo. Sin cuerpo, no hay sueño; lo utilizáis para comparar y usáis ciertas partes de él para adquirir valor. Proyectáis vuestra preocupación principal en el cuerpo; muchos vivís obsesionados con él. El mayor sufrimiento es saber que este va a envejecer y vais a padecer enfermedades. El cuerpo es la base de muchos sufrimientos.

»Utilizáis el cuerpo para conquistar otros cuerpos y creer que son vuestros. Así el ego se identifica y pretende demostrar que sois cuerpos y que Dios no existe, pues si existiera no habría dolor y sufrimiento.

»De este modo extraes una conclusión tenebrosa: *que el cuerpo es la causa del dolor, que vives sus efectos y que no puedes hacer nada*. Entonces no eres el soñador, sino el sueño, y deambulas por aquí y por allá con la esperanza de que no te ocurra nada malo.

»El ego os sustrae vuestro poder cuando os hipnotiza con la creencia de que sois cuerpos. Lo consigue con la creencia de que vuestros síntomas, vuestras enfermedades y todas vuestras relaciones son fruto del cuerpo y de la casualidad.

»De esta manera vuestra conciencia dio su sueño al ego y olvidasteis quién es el soñador. Esto ocurrió por una simple razón, que explica el *Curso:* "Una diminuta y alocada idea, de la que el Hijo de Dios olvidó reírse, se adentró en la eternidad, donde todo es uno. A causa de su olvido este pensamiento se convirtió en una idea seria, capaz de lograr algo, así como de tener efectos reales" (T-27.VIII.6:2-3).

»De aquí surge la culpabilidad, que es la fuerza que mantiene el sueño de separación en el mundo. Cuanto más culpables os sintáis, más fuerza adquiere el sueño y más separados os sentís.

»La culpabilidad os permite proyectar vuestra responsabilidad en el otro y creer que lo que hacéis es consecuencia de lo que ellos os hacen. No os dais cuenta de que sois vosotros los que os hacéis todo a vosotros mismos.

»No sois conscientes de que en realidad cada uno es responsable de lo que le ocurre. Olvidáis que sois los soñadores del sueño. Debéis aceptar que sois los auténticos héroes, o que tenéis la oportunidad de serlo.

»El héroe es la conciencia que empieza a despertar porque se cuestiona que todo lo que le ocurre se deba a la mala suerte o que sea una cruz enviada por Dios o su mal karma. Las ideas de este tipo no son verdaderas, forman parte del sueño. El objetivo es que os sintáis culpables, que os resignéis. De esta manera, el héroe del sueño sigue siendo el cuerpo.

»El héroe deja de excusarse y de proyectar la culpabilidad de su sufrimiento en el otro.

»Hay un paso intermedio entre la creencia en que el héroe del sueño es el cuerpo y la plena conciencia de que cada uno es el héroe. Este paso consiste en la comprensión de que cada uno es el soñador. Pero este soñador todavía se siente desconectado de los otros soñadores y, por lo tanto, piensa que lo que le ocurre es culpa del otro. Aún rechaza su responsabilidad, y si acepta ser la causa, lo hace con culpabilidad, una excusa perfecta para culpar al otro en última instancia. Es un círculo viciosos sin salida.

»El héroe le da la vuelta a todo esto, hace una inversión de pensamiento. Deja de proyectar la causa de lo que le ocurre en situaciones externas. Acepta su responsabilidad. Como dice *UCDM:* "El secreto de la salvación no es sino este: que eres tú el que se está haciendo todo esto a sí mismo. No importa cuál sea la forma del ataque, esto sigue siendo verdad. No importa quién desempeñe el papel de enemigo y quién el de agresor, eso sigue siendo verdad. No importa cuál parezca ser la causa de cualquier dolor o sufrimiento que sientas, eso sigue siendo verdad. Pues no reaccionarías en absoluto ante las figuras de un sueño si supieses que eres tú el que lo está soñando" (T-27. VIII.10:1-5).

»Por cierto, querido héroe, ¿por qué no me has preguntado quién soy?

—¿Y qué más da quién eres? ¿Realmente tiene importancia? Pienso que lo que realmente importa es la información que me estás dando, información que es de todos y que, por supuesto, pienso compartir con todos los que me quieran escuchar.

—Así es: no importa el mensajero y sí mucho el mensaje. Tu actitud me indica que estás abandonando toda identidad egoica. Este es un paso primordial para avanzar en el despertar. No eres tú el que lo está haciendo, sino que el espíritu, el Ser, lo hace a través de ti. Por eso ahora comprenderás que todos son llamados y pocos los que eligen escuchar. *Escuchar* es la predisposición a dejar de ser lo que crees ser para ser lo que realmente eres. Es renunciar a una identidad que te mantiene aprisionado. Así te liberas de las garras del ego, lo quitas del trono de la dirección de la vida y lo pones en su justo lugar.

6

LA CLAVE DEL SUEÑO: LA PERCEPCIÓN

«Purifica tus ojos y mira la pureza del mundo. Tu vida se llenará con radiantes formas».

Rumí

El héroe viaja a Oriente, concretamente a la India. Es un viaje sin ninguna expectativa; unos amigos le invitaron y sintió que tenía que estar allí.

Se encuentran en una especie de *ashram.* Nuestro héroe no sabe muy bien qué hace aquí; no conoce a nadie. Pero, desde que ha llegado a este lugar, nota que algo está cambiando. No sabe muy bien qué. Su primera sensación ha sido como si se encontrara dentro de una burbuja que lo aislara de todo el entorno.

—Oye cariño, ¿cuánto tiempo hace que estamos aquí? —le pregunta a su mujer.

—Pero ¡si apenas hace un día que llegamos! —responde ella con cara de sorpresa.

—He perdido la noción del espacio-tiempo.

Él siente que su cuerpo es solamente eso, un cuerpo. No tiene hambre, sueño y ni las necesidades fisiológicas de eliminar los desechos que todo ser vivo experimenta. Piensa que está enfermo, pero en realidad se encuentra muy bien. No tiene que comer, dormir, orinar ni defecar. Su cuerpo está parado, pero a la vez está realmente vivo. Está tranquilo, sencillamente confía en cómo se siente. Su mente está muy lejos de la realidad subjetiva que todos los demás están experimentando. Solo bebe pequeños sorbos de zumo de frutas; es lo único que el cuerpo le permite ingerir. Cuando intenta comer algo sólido, siente arcadas.

Decide rendirse a la experiencia, al fin y al cabo nunca se ha sentido tan bien, tranquilo y protegido. Se entrega a colaborar en las necesidades del recinto. Limpia cacharros en la cocina y hace todo lo que se le pide. No duerme, descansa unas horas y su mente nunca ha estado tan lúcida.

Un día, mientras pasea por el recinto, encuentra a un anciano y siente que se debe acercar a él. Parece que lo está esperando.

—¿Cómo estás, joven?

—La verdad es que me siento como nunca. Mi mente está despejada, el cuerpo no me da ningún problema, no siento ninguna necesidad. No entiendo muy bien lo que me está pasando.

—Experimentas la verdad de que el cuerpo no es real y, sobre todo, vives la experiencia fundamental de la percepción.

—Me sorprende que todos los que me rodean viven con una percepción diferente de la mía. Y algo me sorprende más: que sus palabras no tienen ningún sentido para mí. No entiendo por qué las emplean de esa manera. Hablan y hablan, y apenas dicen algo con sentido. Todo son suposiciones, elucubraciones. Hablan sin conocimiento. Se creen especiales por estar aquí y todos esperan alguna gracia.

El anciano sonríe con un semblante que indica la inocencia de lo que ve.

—Querido hijo, estás experimentando la visión del mundo real, que aparentemente no se diferencia del mundo de la ilusión. En ambos hay lo mismo: edificios, gente y los problemas cotidianos.

»La diferencia fundamental entre ambos mundos es que el real no ejerce atracción alguna en tu mente, mientras que el de la ilusión es el mundo de la identificación, empezando con el cuerpo y con las creencias que la mente dual sustenta.

»En el mundo real no hay ninguna necesidad, todo está sustentado por el Todo, la energía universal que da vida a Todo. El cuerpo se expresa como lo único para lo que sirve: *la comunicación*. Estás experimentando tu cuerpo como un vehículo, con la ventaja de que apenas le tienes que ofrecer cuidados. Te has dado cuenta de que no necesitas comer ni apenas dormir, no sientes necesidades fisiológicas. Has adelgazado, pero ya no adelgazarás más. Tu visión ha mejorado y, sobre todo, tu percepción. Ya no ves las cosas como antes de venir aquí. Esto ocurre porque tu alma vive una experiencia en la que se cuestiona todo lo que ve, cuestiona su realidad. Ve que ocurren cosas, pero no cree que estas sean como las ve; sabe que hay una interpretación.

—¡¡Interpretación!!

—Sí, todo es una interpretación de la mente. A dicha interpretación se la llama percepción y la ley fundamental que la rige es: *ves lo que está allí porque quieres que ello sea así*. La percepción, tu percepción, determina el mundo que quieres ver y experimentar. Esta es la gran ilusión, la clave del sueño.

—¿Quieres decir que si cambio mi percepción, cambiará mi realidad?

—No solamente te lo digo, sino que te recuerdo que lo estás experimentado. Tú mismo me lo has dicho cuando me has comentado que te sorprende que quienes te rodean hablen de lo que ven como si vieran la verdad.

»Todo el mundo ve lo que quiere ver. No se dan cuenta de que realmente no ven, y de que lo que ven son sus creencias, sus juicios, en definitiva: su verdad. Esto los lleva a la necesidad de defenderla, y para ello atacan a todos los que expresan una verdad diferente. Así nacen la calumnia y la crítica. No reconocen que lo que dicen habla más de ellos que de aquel a quien critican.

»La percepción siempre pone en evidencia al perceptor. Es la manifestación de su estado mental. Esta es la locura del mundo: todos piensan que tienen razón. Y la tienen, pero solo es su razón.

»Recuerda que, cuando tu mujer se vistió como las mujeres de la India, las mujeres del grupo la criticaron y prácticamente la obligaron a cambiarse, con el argumento de que al maestro no le iba a gustar su nueva vestimenta.

—¡Y lo guapa que estaba! Yo tampoco lo entendí, y menos que el maestro juzgara su modo de vestir. ¿Y qué me dices de la distorsión espacio-temporal que experimento?

—Es exactamente lo mismo. Tu percepción altera tu mente y esta vive todo con otras referencias. El tiempo es relativo, por lo tanto el espacio también. Experimentas un tiempo extenso cuando en el mundo de la ilusión el tiempo se aprecia como acuciante, como algo que falta, que se acaba. En cambio tú sientes que tienes todo el tiempo del mundo. Tanto una experiencia como la otra se mueven en unas coordenadas físicas concretas de espacio-tiempo.

—Entonces, ¿el tiempo no existe?

—No como algo absoluto. El tiempo-espacio es la única medida de la manifestación del mundo físico. Es la manifestación de una Consciencia en una infinidad de conciencias. Cada uno percibe el tiempo de una forma particular y concreta. Todos tenemos la capacidad de crearnos un espacio-tiempo. El tiempo no falta ni sobra, es la experiencia mental de él la que nos hace vivirlo de una manera o de otra. Solamente existe el ahora, que es el instante de auténtica creación.

—Entonces, ¿qué determina mi experiencia del tiempo?

—Tu percepción de lo que se llama realidad. No sois conscientes de que los pensamientos que anidan en vuestra mente son como parásitos que bloquean la visión perfecta. Vuestra mente está llena de juicios, de preocupaciones por el futuro y de resentimientos por las experiencias del pasado. Ello genera estados de ansiedad y de miedo. Surge la creencia en el control y esta os lleva a haceros preguntas sin respuestas: cómo, cuándo... No vivís el presente, el ahora. Este está ocupado por una vorágine de pensamientos y de creencias que secuestran la mente. El tiempo, su percepción, se encoge, y ello es la expresión de la percepción.

—Pero no podemos dejar de percibir.

—Cierto, así es. Mientras estemos en este mundo, dejar de percibir es imposible por una sencilla razón: la percepción determina el mundo en el que vivimos, sin ella no estaríamos en él.

—Un momento, por favor. ¿Me estás diciendo que el mundo existe porque lo percibimos?

—Sí. Sin percepción ni observador, ¿para qué sirven el mundo, el universo, la experiencia...? La percepción es la clave de todo, absolutamente de Todo.

—¡Oh!

El anciano sonríe, sabedor de que ha llevado al héroe a una enseñanza fundamental.

—Entonces... entonces... entonces...

—Entonces el estado de conciencia del observador le hace vivir experiencias concretas a través de lo que se llama percepción.

»La percepción está secuestrada por el juicio hasta tal punto que esto nos hace entrar más profundamente en el sueño. Cuantos más juicios hacemos, más atrapados quedamos en ellos, y esto nos hipnotiza con la creencia de que nuestra percepción es la verdad. El que emite juicios no es consciente de que crea una realidad concreta, una experiencia que se correlaciona exactamente con sus juicios.

»Presta atención a lo que te voy a decir: la justicia de Dios consiste en que cada uno tiene su justo merecido y este está en correlación con su percepción. Tal es el poder de esta. La percepción es como un certificado de tu verdad, y esto es sagrado para el Campo de la Consciencia. Tal como percibes, así es tu realidad, por no decir tu absoluta responsabilidad. La Consciencia Divina carece de cualquier idea de juicio, su Mente es prístina, por ello solo puede dar lo que pides, y lo que pides está en relación con tu percepción.

»"Tu percepción pone de manifiesto tu estado mental" *(UCDM).*

»"Una de las ilusiones de las que adoleces es la creencia de que los juicios que emites no tienen ningún efecto (T-3. VI.2:7).

»"La capacidad de percibir hizo que el cuerpo fuese posible, ya que tienes que percibir *algo* y percibirlo *con* algo. Por eso es que la percepción siempre entraña un intercambio o interpretación que el conocimiento no requiere. La función interpretativa de la percepción, que es una forma de creación distorsionada, te permitió entonces llegar a la conclusión de que tú eres tu cuerpo, en un intento de escapar del conflicto que tú mismo habías provocado" (T-3.IV.6:1-3).

»¿Te das cuenta, querido, de la importancia de tu forma de percibir? ¿Ves la importancia de mantenerte alerta ante tus juicios e interpretaciones de la realidad? Cada alma tiene esta capacidad, y este poder se utiliza de forma totalmente distorsionada, para crear dolor y sufrimiento.

»Tus juicios, es decir, tu percepción, que siempre es enjuiciadora, te aprisiona en una realidad de la cual te quejas sin ser consciente de que la creas tú. Aquí está la auténtica justicia de Dios.

»"La percepción te dice que tú te pones de manifiesto en lo que ves (T-25.I.2:2)".

»"La percepción es la elección de lo que quieres ser, del mundo en el que quieres vivir y del estado en que crees que la mente se encontrará contenta y satisfecha" (T-25.I.3:1).

»La percepción siempre se basa en elegir. Quédate con esto, con la elección. Por ello cada uno de nosotros es responsable de sus pensamientos y de sus percepciones basadas en ellos. Cada uno es el creador de su vida.

»Conclusión: no hay que quejarse. Hay que pedir una percepción inocente de lo que se vive. Renuncia a tu forma de ver y entender la vida, con la conciencia de que no ves y de que interpretas en función de unos programas inconscientes que alberga tu psique.

—Entonces, según lo que me explicas, el soñador del sueño es uno mismo, y el sueño puede ser el mismo para muchos porque todos albergan las mismas creencias, valores y juicios. Aunque parezcan tener diferencias, todos se basan en la creencia en la separación.

—Exacto. Despertar consiste precisamente en esto: en no poner énfasis en las experiencias que se viven y en saber que ellas son una oportunidad de trascender la dualidad.

»No se trata de dejar de soñar, sino de ser consciente de que tus sueños, lo que llamas tu realidad, tiene que ver contigo, con tu forma de percibir. Entregar tu percepción a la divinidad, renunciar a tu verdad y dejar que se te inspire son los primeros pasos para estar despierto en el sueño.

El anciano se levanta, coge las manos del héroe, le mira fijamente a los ojos y le dice: «Déjate fluir, tu estado mental permitirá que el espíritu se manifieste a través de ti. No tienes que preocuparte de nada; el camino se te mostrará. Solo tienes que estar alerta».

Esa misma noche tiene un sueño lúcido. Está frente al maestro y este le dice:

«Estás aquí para experimentar lo que ahora ya sabes. Te he llevado a otra realidad. Tu sitio no está aquí conmigo. Perteneces al mundo. Tu misión es comunicar al mundo que cada uno tiene la capacidad de despertar. Los maestros como yo estamos aquí para mantener la Tierra en un nivel de vibración, para que los seres que habitan en ella evolucionen en sus conciencias.

»El anciano que has visto hoy también soy yo. Te he hablado desde otra dimensión, desde otro espacio-tiempo. Me manifestaré en otra época con este cuerpo que hoy has visto. Quiero que entiendas que todo es relativo. Que la verdad no está en este mundo. La Verdad sustenta este mundo onírico, pues Ella simplemente ama y su amor permite la manifestación de las mentes según su estado de conciencia. A este mundo le ha llegado la hora de dar un salto de conciencia. Cosas veréis que os lo harán entender; de vosotros depende lo que suceda. Ha llegado la hora del Gran Compromiso.

»No vuelvas más aquí; tu lugar está en el mundo. Aquí están los que todavía no ven que Yo y ellos somos lo mismo. Ve en paz, la Fuente siempre nos acompaña a Todos. Enseña a conectarse a ella».

7

LA PANTALLA DE LA VIDA

«Ayer era inteligente, por lo que quería cambiar el mundo. Hoy soy sabio, por lo que me quiero cambiar a mí mismo».

Rumí

Aquí también se encuentran nuestros guardianes. Se manifiestan en forma de libros, de experiencias o de encuentros fortuitos.

Nuestro héroe trabaja atendiendo a sus clientes desde hace varios años. Pero siente que a lo que hace le falta algo. Sabe que no se trata de sufrir con las personas, sino que debe ayudarlas a salir del paradigma en el que se encuentran atrapadas. Hay mucho dolor y sufrimiento; se cuestiona muy seriamente si vivir es casi sinónimo de sufrir y de vivir dificultades, penas y enfermedades para finalmente llegar a la muerte.

Por si fuera poco, estamos aquí por una especie de castigo divino. El castigo conlleva culpabilidad y esta siempre se asocia al sufrimiento. Sabe que no es así, pero la cruda realidad está ante sus ojos y la historia se repite una y otra vez.

«Vivir para morir es algo incomprensible. ¿Qué sentido tiene la vida? ¿Para qué tanta lucha? Me parece increíble que para vivir tengas que evitar que te maten. ¿La naturaleza es así: matar para vivir y evitar a los depredadores?».

»Además el ser humano agrega a esta realidad el barniz psicológico de la lucha por el poder, y para conseguirlo recurre a toda clase de estrategias deshonestas. Todo vale con tal de conseguir el objetivo anhelado. Tengo la impresión de que estamos muy lejos de contactar con nuestro Ser».

Nuestro héroe busca consuelo y comprensión en *UCDM,* y lee: «El mundo que ves es el sistema ilusorio de aquellos a quienes la culpabilidad ha enloquecido... Pues este mundo es el símbolo del castigo, y todas las leyes que parecen regirlo son leyes de muerte» (T-13.Intro.2:2,4). Y: «Este mundo es la imagen de la crucifixión del Hijo de Dios. Y hasta que te des cuenta de que el Hijo de Dios no puede ser crucificado, este será el mundo que verás» (T-13.Intro.4:1-2).

«Por lo que veo, todo se trata de sentirse culpable. ¡¡Cuán grande debe ser esta culpabilidad para que vivamos un sueño de dolor, sufrimiento y muerte!! ¡¡Cuán grande debe ser el poder de la mente para fabricar un mundo como este!!».

Y sigue leyendo en *UCDM:* «Toda mente tiene que proyectar o extender porque así es como vive, y toda mente es vida» (T-7.VIII.1:11).

«Está claro que si la mente vive en la creencia en la separación, vivirá y experimentará eso y, por supuesto, la separación conlleva miedo. Todo se resume en esto: si puedo estar separado, puedo ser excluido y correr peligro. La creencia en el peligro hace que este se manifieste en mi vida, y el miedo aumenta mi egoísmo, pues, como ya he leído, *cuanto más miedo sientas, más egoísta eres*.

»Deduzco que Dios no ha creado este mundo, pues, de ser así, ciertamente sería cruel. Este mundo lo ha fabricado el Hijo de Dios por haberse sentido separado de la Fuente de la cual emana Todo. Ni siquiera el cuerpo ha sido creado, pues es el símbolo de la separación. Entonces, ¿qué es el mundo?».

El héroe sigue buscando las respuestas en el *Curso*.

El sustituto de la realidad

«El miedo es una emoción fragmentada y fragmentante. Parece adoptar muchas formas y cada una parece requerir que uno actúe de forma diferente para poder obtener satisfacción» (T-18.I.3:3-4).

Este sería el pecado original, el gran error que el Hijo de Dios permitió que anidase en su mente, del que olvidó reír y, por ello, tomó la idea de separación como algo posible. Eso propició este mundo.

«Esa fue la primera proyección del error al exterior. El mundo surgió para ocultarlo, y se convirtió en la pantalla sobre la que se proyectó... ¿Crees que es realmente extraño que de esa proyección del error surgiese un mundo en el que todo está invertido y al revés? Eso fue inevitable... No llames pecado a esa proyección, sino locura, pues eso es lo que fue y lo que sigue siendo. Tampoco la revistas de culpabilidad, pues la culpabilidad implica que realmente ocurrió. Pero sobre todo *no le tengas miedo*» (T-18.I.6:1-2, 4-5, 7-9).

«En el demente mundo de afuera nada se puede compartir, sino únicamente sustituir. En realidad compartir y sustituir no tienen nada en común».

Nuestro héroe va encontrando respuestas a sus reflexiones en este maestro que es *UCDM*. Va tomando plena conciencia de que él tiene las respuestas a todas sus reflexiones. Y también de que su mente está cambiando y la utiliza de otra manera.

Aprovecha sus proyecciones para conocerse a sí mismo. Comprende plenamente el sentido de la frase «pantalla de la vida». Esta tiene que ver con todo lo que le rodea, tanto personas como circunstancias. Todo tiene una razón de ser. Esto le tranquiliza y le sume en un estado de paz mental. Entrega su percepción a Aquel que sabe cómo ver las cosas. Comprende que debe evitar juzgar cualquier situación que le cause dolor o desasosiego.

El *Curso* le refuerza este pensamiento: «Pon la situación en Sus manos para que Él la juzgue por ti y di: Te entrego esto para que lo examines y juzgues por mí. No dejes que lo vea como signo de pecado y muerte ni que lo use para destruir. Enséñame a **no** hacer de ello un obstáculo para la paz, sino a dejar que Tú lo uses por mí, para facilitar su llegada» (T-19.IV.C.11:7-10).

Se da cuenta de que en realidad estamos bien dormidos y no somos conscientes de ello. Nuestro sueño nos atrae, pues la atracción está en la mente misma que se cree separada. Nuestra conciencia le presta atención sin darse cuenta de que con ello lo refuerza y le da vida y sentido.

Piensa: «Ahora comprendo que la Conciencia no es la mente, esta es un vehículo más, es la sustancia de la que está hecha el universo. Recuerdo haber leído en el *Curso* que, cuando tu mente, tu ego y tu cuerpo hayan desaparecido, sabrás que eres eterno».

«La muerte no existe»

El héroe lee un artículo del doctor Robert Lanza que dice que cuando morimos, nuestra vida no se acaba, sino que se convierte en una flor perenne que vuelve a florecer en alguno de los multiversos o múltiples universos posibles. *El concepto de muerte es un mero producto de nuestra conciencia.*

El doctor Lanza es jefe de Medicina Regenerativa de Astellas Global y profesor adjunto en la Facultad de Medicina de la Wake Forest University. Además de numerosos reconocimientos científicos, en 2014 fue escogido por la revista *Time* entre las personas con más influencia del mundo por sus extraordinarias contribuciones al mundo de la ciencia.

Para entender su planteamiento es imprescindible olvidarnos de lo que aprendimos en los libros de texto. Lanza nos dice que «la física y la química pueden explicar la biología de los seres vivos, y pueden recitar con detalle los fundamentos químicos y la organización celular de las células animales: la oxidación, el metabolismo, etc.» Pero todavía tenemos que aprender que «la existencia física no puede separarse de la vida animal».

Su libro *Biocentrismo* parte de la base de que «nuestra ciencia no reconoce las propiedades especiales de la vida que hacen que sea fundamental para la realidad material». Y en él sostiene que «el mundo gira alrededor de la forma de experiencia subjetiva a la que llamamos conciencia». Predice que «el siglo XXI será el siglo de la biología, lo cual supone un giro con respecto al siglo anterior, dominado por la física».

Según Lanza «Necesitamos una revolución en nuestra comprensión de la ciencia y del mundo». La mayoría de las teorías integrales no toman en cuenta un factor fundamental: «Somos creadores, es la criatura biológica la que hace observaciones».

Para Lanza, «la vida y la conciencia son las claves para comprender la naturaleza del universo». Cada uno de nosotros puede decidir cómo quiere ver el mundo e interpretar lo que le sucede.

Desde este punto de vista, la muerte, en el sentido absoluto de la palabra, no existe. Lo que existe es una evolución de la conciencia, que es el vehículo en el que se expresa toda la información vivida en este mundo.

Fuentes:
https://theamericanscholar.org/a-new-theory-of-the-universe/#.V1lqtvmLTIU

Más info: http://www.robertlanza.com/

Este planteamiento pone en el centro de la vida al observador. *¿Qué sentido tendría todo si no hubiera un observador?* En la medida en que el observador (cada uno de nosotros) amplíe su conciencia, manifestará en su vida otras posibilidades que se encuentran en el campo infinito de la Consciencia.

El observador consciente sabe que su realidad cotidiana depende de cómo decida observar, es decir, con qué conciencia. Esta se mostrará en la pantalla de la vida.

El héroe piensa: «Es increíble cómo nos apegamos a la dualidad. Además, estoy seguro que en este mundo hay muchos intereses para que no vivamos este paradigma que nos propone la mecánica cuántica».

Luz en el sueño

El héroe lee: «Tú que te has pasado la vida llevando la verdad a la ilusión y la realidad a la fantasía, has estado recorriendo el camino de los sueños. Pues has pasado de la condición de estar despierto a la de estar dormido, y de ahí te has sumergido en un sueño todavía más profundo. Cada sueño te ha llevado a otros sueños, y cada fantasía que parecía arrojar luz sobre la oscuridad no ha hecho sino hacerla aún más tenebrosa» (T-18.III.1:1-3). Y: «Estás soñando continuamente. Lo único que es diferente entre los sueños que tienes cuando duermes y los que tienes cuando estás despierto es la forma que adoptan, y esto es todo» (T-18.II.5:12-13). «Es tan esencial que reconozcas que tú has fabricado el mundo que ves, como que reconozcas que tú no te creaste a ti mismo» (T-21.II.11:1).

La relación especial

Ahora el héroe sabe que la relación especial surge precisamente de este sueño de separación, dolor y sufrimiento. Se basa en la creencia en que algo externo puede hacerte temer o puede amarte. La relación especial es la «clave» que mantiene vigente el sueño. Y recuerda: «La relación especial es tu resolución de mantenerte aferrado a la irrealidad, y de impedirte a ti mismo despertar» (T-18.II.5:19).

«Aquí reside la fuerza de la empatía, pues la relación especial establece que te une a unos hermanos y a otros no. Aquí reside la base del sueño, la base del dolor y de la enfermedad. En la creencia de que algo o alguien te puede hacer feliz. Cuando en realidad esta es la base del sufrimiento y del sacrificio.

»Toda relación especial está fundamentada en la carencia, en la necesidad y en la escasez. Consiste en buscar en el otro aquello que crees que falta en ti.

»La relación especial es la máxima expresión del apego, lo cual conlleva establecer una unión basada en el sacrificio y llamarla amor».

Anthony de Mello[4] todavía es más contundente cuando dice que el apego es el enemigo del amor. Para explicarlo, recurre al sarcasmo: «*Te quiero* equivale a *no puedo dejarte en libertad*. Tengo que tenerte. Si te deseo de esta manera, tengo que manipularte para poder tenerte. Me voy a manipular a mí mismo para engañarte a ti de tal modo que me permitas tenerte».

El héroe piensa: «Esto es potente de verdad, y quien no lo quiera ver realmente tiene un problema. Nos han enseñado que nuestra felicidad depende de determinadas cosas. Nos han enseñado a depender emocionalmente de las personas. A no poder vivir emocionalmente sin ellas. Nos han programado para ser infelices. Todo lo que hagamos para ser felices nos hará más infelices. La felicidad es una experiencia. Podemos definirla como un estado de paz, de plenitud, pero solo son palabras. La felicidad no tiene definición porque es nuestra esencia».

Más allá del cuerpo

«No hay nada externo a ti. Esto es lo que finalmente tienes que aprender, pues es el reconocimiento de que el Reino de los Cielos te ha sido restaurado» (T-18.VI.1:1-2).

El héroe ya comprende que el cuerpo es un vehículo que le permite desplazarse en un espacio-tiempo que percibe separado. Como lo percibe separado, se le presenta de esta guisa.

---

4 *Redescubrir la vida,* A. De Mello, Editorial Gaia, Madrid, 2013.

El cuerpo puede ser destruido porque no es nada. Nada puede morir. El cuerpo está sometido a las leyes de la naturaleza. Una de ellas es la ley de la *entropía* —en griego, «evolución» o «transformación»—, que mide el grado de desorden de un sistema.

UCDM nos recuerda que todo lo que puede ser destruido no es real. Esto responde a la pregunta de nuestro héroe de *qué sentido tiene nacer para morir*.

La muerte no existe porque somos Consciencia en acción mediante nuestra conciencia.

La conciencia vive en la dualidad y la Consciencia es la unidad, el soporte de la vida.

Piensa: «Ahora comprendo que hemos de abrir nuestra conciencia a la Consciencia, abandonar los juicios y posicionamientos».

Sumido en reflexiones de autoindagación, lee un cuento de Anthony de Mello[5].

Un hombre sale de su aldea en la India y se encuentra con un *sannyasi*. Es una persona que ha alcanzado la iluminación y entiende que su lugar es el mundo entero, que el cielo es su techo y que Dios es su padre y cuidará de él.

—Esto me parece increíble —le dice el aldeano.

—¿Qué es lo que te parece increíble? —contesta el *sannyasi*.

—Anoche soñé contigo. Soñé que el señor Visnú me decía: «Mañana por la mañana saldrás de la aldea, hacia las once, y te encontrarás con un *sannyasi* errante». Y te he encontrado.

—¿Qué más te ha dicho el señor Visnú?

—Me dijo: «Este hombre tiene una piedra preciosa. Si te la da, serás el hombre más rico del mundo». ¿Me das la piedra?

5 *Redescubrir la vida,* A. De Mello, Editorial Gaia, Madrid, 2013.

—Espera un momento —el *sannyasi* rebusca en su zurrón y le dice—: ¿Esta es la piedra que buscas?

—¿Me la puedo quedar? —le dice el aldeano mientras toma la piedra en sus manos.

—Claro que te la puedes quedar, yo la encontré en un bosque.

El aldeano coge la piedra y siente la necesidad de sentarse bajo la sombra de un árbol. Sumamente pensativo, se pasa todo el día allí, sumido en sus reflexiones. Al caer la tarde, regresa donde está el *sannyasi,* le devuelve la piedra y le dice:

—¿Podrías hacerme un favor?

—¿Cuál?

—¿Podrías darme las riquezas que te permiten desprenderte de esta piedra preciosa con tanta facilidad?

Reflexión: la felicidad verdadera no tiene causa. Si le preguntas a un místico por qué es feliz, te responderá: «¿Por qué no?».

8

EL TOMADOR DE DECISIONES

«La sabiduría tiende a crecer en proporción a la conciencia de la propia ignorancia».

Anthony de Mello

Nuestro héroe recibe la noticia de la muerte de su padre. Hacía tiempo que no sabía de él. Su padre vivía la experiencia del fundamentalismo religioso, de la que ya hace mucho que nuestro héroe se ha alejado. En su fuero interno, el héroe lamenta que su padre viviera su vida de esa forma: siempre trabajando y con miedo a Dios. Cada día rezando, cada día haciendo los rituales propios de su religión. Su vida fue un sinvivir. El héroe sabe que su padre eligió esa vida. Se pregunta muy a menudo si realmente nuestras elecciones son libres o están muy condicionadas por las informaciones inconscientes.

Entonces tiene una experiencia transpersonal. En un sueño, su amigo, el hombre de negro, le acompaña hasta un mundo. Le dice: «Recuerda que en la casa del Señor hay múltiples moradas. Hoy te mostraré el mundo donde se halla el que fue tu padre».

Nuestro héroe ve un mundo con luz, muy pulcro, con calles muy bien ordenadas. Se acerca a una zona de ese mundo en la que hay una especie de templo, del cual salen avenidas radiales que se alejan de él. Todas las avenidas están llenas de coches con gente; todos visten igual, con camisa blanca y corbata, y tienen semblantes resignados, pues quieren ir al templo, pero no llegan nunca. Como el deseo insatisfecho que Carl G. Jung llama la «maldición de los Átridas»: ves el objeto de tu deseo, pero nunca lo alcanzas.

«En la estresante vida de esta gente impera un juicio que consiste en que, si no vas a la casa del Señor, cometes pecado —le dice el hombre de negro—. Todos tienen este miedo. Observa sus caras, sus semblantes rígidos. No hablan, pero están inquietos. Este es un mundo que refleja su estado o nivel de conciencia. Así es como funciona el universo, el Campo de la Consciencia. Más adelante te acompañaré a otros mundos con otras frecuencias o resonancias de conciencia.

Quiero dejarte muy claro que en estos mundos no hay juicios divinos, pues la Divinidad carece de esta capacidad. Lo único que puede hacer es mostrar un mundo que esté en resonancia con la conciencia de cada cual, el de su elección, sea esta inconsciente o consciente. De ahí, la importancia de despertar y dejar de juzgar, pues los juicios determinan muchas experiencias en los distintos planos de Consciencia.

De repente el hombre de negro desaparece y el héroe se queda frente a uno de los coches atascados. Lo conduce quien fue su padre. Se miran, y el que fue su padre pone cara de asombro. No dice nada, sus ojos abiertos lo miran fijamente.

«Hola, papá. Veo que sigues con tus necesidades religiosas. —No recibe respuesta—. Veo que estás atrapado y sufres por miedo a no llegar a la casa del Señor. Piensas que, si no vas, Él se va a enfadar y te va a castigar. Mira, te voy a enseñar a utilizar tu mente para que tomes conciencia del poder que tenemos y te preguntes si realmente quieres vivir esta vida. Mira, papá, lo que hago con el poder de la mente».

El héroe hace levantar el coche por encima de los demás y dice: «Ve en dirección al templo».

El coche se desliza como si fuera una nave hasta el templo. El héroe lo hace descender junto a la puerta y le dice a su padre: «Te deseo lo mejor. Piensa en lo que tu hijo te ha enseñado; ahora ya estoy en paz contigo. Si deseas seguir viviendo con sufrimiento y miedo, recuerda siempre que esa es tu elección. El que crees que está ahí no te juzga, siempre te juzgas tú».

Aparece otra vez el hombre de negro y le dice: «Muy bien, esto es lo que se esperaba de ti: que no intentes convencer ni manipular, sino mostrar otras formas de ver las situaciones, y sobre todo dejar clara la importancia de ser consciente de que las elecciones siempre dependen de uno mismo.

****

—Bien, vamos a otro lugar.

—Oye, ¿cómo haces para viajar tan rápido?

—No es el momento de que te lo explique. Todo a su tiempo.

Ahora ambos están en otro mundo. Es oscuro, lúgubre; las personas deambulan de aquí para allá, cabizbajas, con rictus de amargura, sufrimiento y dolor. Algunos están semienterrados, solamente sobresalen sus caras, piden auxilio. Entran en una especie de edificio que más bien parece un castillo medieval, como un castillo de cuento lleno de brujas o vampiros.

—Asombroso. Los cuentos que contamos, las historias que inventamos, todo, absolutamente todo está en la mente.

—Así es. Hemos cambiado de morada. En esta reina el sufrimiento, pero sobre todo la culpa. No olvides que, si te sientes culpable, recibirás tu castigo. La ley de causa y efecto rige el universo. El problema es que la mayoría de las personas no ven que ellas mismas son la causa de los efectos en los que viven. Pero no estás aquí para creer que la Divinidad castiga de este modo. Es muy importante que comprendas que nada de lo que un alma experimenta es ajeno a sus creencias y a sus percepciones. Cada uno elige constantemente. Como te he dicho, el problema reside en ignorarlo.

»Te voy a decir cuatro verdades con relación al mundo de la ilusión en el que vivís:

»1. No existe la separación.
»2. No existe el fracaso.
»3. No existe la necesidad.
»4. Todo es fruto de la toma de decisiones.

»El universo es como un aula, un lugar para experimentar la vida en forma física. Se trata de una experiencia de separación, una experiencia del *no-ser* para descubrir lo que se *es* realmente. El mundo físico es el teatro perfecto, pues es el mundo de la dualidad. Pero no hay que olvidar que, en este mundo aparentemente real, las leyes que rigen el universo no dual siguen en vigor con toda su potencia.

»Es importante que no olvides esto: *la vida es pura creación*.

—¿Quieres decir que toda la responsabilidad de lo que experimentamos aquí, en nuestra vida, es consecuencia de nuestras decisiones?

—Sí, y no solamente aquí —como tú le llamas—, sino en cualquier lugar donde tu conciencia se manifieste. Siempre estás donde tu conciencia te lleva. Acompáñame.

El hombre de negro lo conduce a otro mundo. Este es muy diferente de los anteriores. Los objetos, los edificios, las plantas y todo lo que hay en él no se aprecia como físico. Se ven sus formas, pero estas brillan con un parpadeo constante. Los colores son indefinidos, titilan con un brillo limpio y claro que no molesta la vista, no deslumbran; atraen y provocan el deseo de fundirse en ellos. Aquí sientes en todo tu ser lo que te rodea. Todo es vibración sin limitaciones, todo fluye y te penetra sin dejar de ser lo que ves. Hay una comunicación constante con Todo. Todo es Vida. Es como ver el mundo sin la *cáscara* física.

—¿Dónde estamos?

—En otra de las múltiples moradas de la casa del Señor. Aquí Todo brilla, Todo vibra y Todo se siente. La comunicación es pura, inocente y limpia. No hay nada que esconder.

—¿Quiénes están aquí?

—Las conciencias que han superado la dualidad. Las que tienen cierta maestría. Las que han sabido utilizar las ilusiones para trascenderlas y expresar la gloria que somos todos. Aquí la vibración de las conciencias alcanza el nivel 600 de la escala de David R. Hawkins.

—Cuando preguntamos, ¿quién es el que pregunta realmente?

—Las preguntas siempre vienen del ego. Él es el único que duda, pues es el único que no sabe, y en cambio cree saber.

»Quienes residen en este mundo y en otros parecidos son conscientes de sus ilusiones. No les ponen fin porque saben que, si lo hicieran, la vida tal como la conocen desaparecería. Lo que hacen es experimentarlas para darles un sentido diferente al que le dieron en el tiempo llamado pasado.

»Cuando alguien ve que lo que experimenta son tan solo ilusiones, las puede utilizar como quiera porque no hay apegos. Así, las ilusiones te permiten experimentarte en innumerables situaciones.

»Por ejemplo, frente a la creencia en la escasez o insuficiencia, te puedes manifestar con plena *seguridad en ti mismo*, con la certeza de hallarte permanentemente conectado con la *Fuente Suprema*. Aquí afrontas otra toma de decisiones.

»Te voy a poner otro ejemplo, una situación que te afecta mucho en los últimos años. Me refiero a la crítica, a la calumnia, a las diatribas que se están proyectando en tu figura. Aquí tienes una magnífica oportunidad de declarar quién quieres ser en todas estas situaciones. De hecho, ya lo estás haciendo. Te alejas de la búsqueda de venganza.

—¿Qué se debe hacer en estas situaciones?

—No es cuestión de lo que se debe hacer o no. Esa es una actitud del ego, que consiste en hacerles frente. Se trata de sentir, de saber. Es un proceso interior, el conocimiento de que todo forma parte de la ilusión. Así puedes *tomar la decisión* de quién quieres ser frente a las calumnias y críticas.

»Esto no quiere decir que uno no actúe en el mundo de la ilusión. Ya sabes: «Al César lo que es del César y a Dios lo que es de Dios». Pero no hay que olvidar que puedes actuar desde el ego o desde el espíritu. Esta es otra ocasión en la que has de *tomar una decisión*.

Se acerca alguien. Ambos miran en esa dirección. Se aproxima una figura. Tiene semblante femenino y va vestida de manera formal. Pelo lacio, grandes ojos negros y una sonrisa en sus labios. El héroe le dedica un lacónico «¡hola!».

—Hola —contesta ella.

—Estamos viajando para experimentar las infinitas moradas, y hemos llegado aquí —le dice el hombre de negro—. ¿Tienes algo que contarle a mi acompañante?

—Por supuesto. No hay nada que uno no pueda llegar a experimentar. La primera y gran experiencia es la creencia en la separación, que lleva implícita la creencia en la carencia y en la falta. Bueno, supongo que esto ya lo sabes. Pero quiero dejar claro algo: una cosa es saber y otra muy diferente es ser, o sea, actuar de acuerdo con lo que se sabe.

»Hay que asumir con plena responsabilidad que constantemente experimentamos nuestras creencias. Hay que tomar plena conciencia de la importancia de nuestros pensamientos. Junto a los sentimientos y las emociones, estos crean nuestra realidad. *La presencia del sufrimiento delata que estás dormido. Si sufres, estás dormido. Si tienes problemas, estás dormido. Si te duele tu pasado, estás dormido.*

»¿Tienes algo que preguntarme?

—No lo sé. Estoy abrumado. Siento que toda esta información me supera y, al mismo tiempo, que estoy experimentando una verdad ancestral que siempre ha estado ahí, oculta por nuestra percepción dual.

—Es cierto. Hay que trascender las limitaciones que la mente dual impone. Hay que dudar de *la percepción,* que nos hace vivir en un paradigma determinado.

—¿Cuándo llega la liberación? ¿Qué pasos hay que seguir?

—Hay un primer paso que lleva a todos los demás, y lo das *cuando te hartas de sufrir*. Cuando comprendes que el sufrimiento es una decisión.

»Este paso te lleva a la *rendición,* que no hay que confundir con la resignación, que equivale a la resistencia. No hay más que una Voluntad, y esta permite que cada parte de sí misma se experimente de infinitas formas. Al final uno se rinde a la Voluntad. La rendición se deriva de la plena aceptación, llena de sabiduría, de que las experiencias de todo lo que se llama vida son oportunidades para decidir *quién quiere ser uno en cada situación y en todo momento*. Esta es la clave de la liberación interior.

»La rendición te permite tomar distancias y hacerte consciente de hasta qué punto estás programado y de cómo esto condiciona tu vida y te mantiene dormido. Anthony de Mello ha dicho: «Hay que vomitar la ciencia del bien y del mal —como dirían los místicos— para poder entrar en el Paraíso». Hay que alejarse de todo juicio, pues este condena a vivir experiencias que acostumbran a ser dolorosas.

—Parece imposible evitar el juicio.

—Estáis tan acostumbrados a él que lo emitís sin daros cuenta. El juicio siempre va combinado con el posicionamiento respecto a lo que está bien o mal.

—Entonces, ¿no hay bien ni mal?

—Solo existe el *bien*. Lo que se llama *mal* es la expresión de la desconexión de la mente con el Caudal Infinito de la Sabiduría. El mal es la negación de la Divinidad, de la esencia de nuestro Ser. Es la experiencia máxima del egoísmo, la creencia en la venganza, la negación de que se es la causa de lo que se vive. Es la ausencia de la responsabilidad sobre los pensamientos, sentimientos y emociones que expresamos continuamente. Por eso el mal solo existe en el mundo dual. Pero este no es real, es el mundo de la ilusión. Solo existe el bien, y este se expresa de infinitas maneras. Una de ellas es la experiencia del mal en la ilusión. En el mundo real, el mal no se expresa ni tiene sentido, pues todo es paz y no hay juicio.

»En otros mundos donde la conciencia vibra a niveles muy bajos, ocurre todo lo contrario: parece que solamente exista el mal. Pero esto es la expresión de una mente dividida, una mente dual que vive en oposición, que cree en la lucha, en el esfuerzo, la venganza y la carencia, en definitiva, en el miedo. En el mundo real no existe el miedo; todo es paz, tranquilidad, armonía y plenitud.

El héroe recuerda la definición de mundo real según *UCDM:* «En él no hay edificios ni calles por donde todo el mundo camina solo y separado. En él no hay tiendas donde la gente compra una infinidad de cosas innecesarias. No está iluminado por luces artificiales ni la noche desciende sobre él. No tiene días radiantes que luego se nublan. En el mundo real nadie sufre pérdidas de ninguna clase. En él todo resplandece, y resplandece eternamente» (T-13.VII.1:2-6). «*No puedes ver ambos mundos*. La negación de uno de ellos hace posible la visión del otro. Los dos no pueden ser verdad; no obstante, cualquiera de ellos te parecerá tan real como el valor que le atribuyas» (T-13.VII.2:2-4).

—¿Por qué me has traído aquí? —pregunta el héroe al hombre de negro.

—No hay un porqué, siempre hay un para qué. Debes acostumbrarte a ello. El porqué te aleja de ti y el para qué siempre te acerca a ti. El porqué te conduce a las justificaciones y a las excusas, a la proyección. El para qué te hace reflexionar y buscar las causas en ti.

—Perfecto. Entonces, ¿para qué me has traído aquí?

El hombre de negro sonríe con expresión de compasión y dulzura, y le contesta:

—Querido héroe, tu alma anhela la libertad emocional, lleva tiempo pidiendo ser escuchada. Yo soy la respuesta. Si he venido a ti es porque me has llamado. Soy el portavoz de tus preguntas, la respuesta a tus súplicas, a tus oraciones. La Divinidad siempre escucha y responde. El problema es que vuestras preguntas y oraciones son tendenciosas, no son libres. Son como exigencias, peticiones, como si supierais lo que realmente necesitáis, hasta el punto de atribuir a Dios el papel de un mercader al que hay que regatear y ofrecer dádivas para ablandar su duro corazón. Muchas veces vuestras súplicas están cargadas de miedo, y la Divinidad —el Campo— no lo entiende y no os da la respuesta directa que esperáis. Pensáis que Dios no os escucha, pero eso es imposible. Él recibe vuestras emociones y sentimientos, pero estos casi siempre son de separación y miedo. Acompáñame, te llevaré a otro sitio para que veas dónde están las respuestas de Dios.

De repente, el héroe y su guía están frente a una especie de almacén enorme, lleno de estanterías infinitas dispuestas en filas de las que no se ve el fin.

—¿Dónde estamos ahora?

—Vamos a preguntarle al responsable. —Se acercan a una especie de mostrador—. Hola, aquí está el amigo a quien quieres ver.

—Hola, quiero que veas algo. Acompáñame, por favor —dice otro hombre vestido de negro, y el héroe lo sigue—. ¿Ves todas estas estanterías llenas de regalos?

—Sí, las veo —dice el héroe ante una fila interminable de estanterías de unos quince metros de altura.

—Todas estas hileras llenas de regalos son las respuestas del Jefe a las peticiones de Sus Hijos.

—¿Por qué están aquí estos regalos y no se entregan a sus destinatarios?

—Buena pregunta. Se me ha pedido que te explique la respuesta.

—Bueno, soy todo oídos. Dime.

—Tus hermanos, los seres que viven en tu mundo, no dejan de pedirle al Jefe una cosa tras la otra. Pero no se las podemos entregar.

—¿Cómo dices?

—No es cuestión de pedir, sino de saber recibir.

—No entiendo.

—Veamos: ellos piden, pero lo hacen desde la carencia, desde la falta. Su sentimiento es: "¡No tengo!".

—¿Entonces?

—La Divinidad no escucha peticiones, escucha corazones. En ellos se encuentra el átomo primordial, la esencia que nos hace a todos divinos.

—Sigue, por favor.

—Para recibir, debes sentir que lo tienes todo, que eres merecedor de todo. Tu petición es la expresión de esta gracia. Si pides desde la carencia, vives con carencia, pues cada uno es lo que es y no puede ser más.

—Entonces todos estos regalos...

—Son las respuestas del Jefe que de alguna forma esperan. Para que se materialicen en el mundo dual, cada peticionario tiene que sentir que todo está bien y que se entrega a la Voluntad divina.

—Pero es que piden porque sienten dolor y sufrimiento.

—Precisamente. Sufrir es una elección, siempre todo lo es.

—¿Y yo qué pinto en todo esto?

—Pintas, y mucho. Enseña a los que te quieran oír que Dios siempre escucha todas las oraciones, pero Él no sabe nada de sufrimientos. En Él todos son Él, un Yo mayúsculo, enorme, infinito. Es Consciencia prístina.

—¡Que me maten si te entiendo!

—Escúchame, por favor. No debes entender, debes dejarte guiar. No te preocupes por el cómo. Solo debes entregar tu voluntad, nada más.

—Siento vértigo, todo me da vueltas.

—El problema es el control. La creencia de que tienes que controlar. Ya se te ha explicado qué es la rendición. Recuerda lo que dice el libro que ha llegado a tus manos. El cuerpo se debe entregar a la comunicación. Esta es su santa función.

—La gente no me va a creer.

—No importa. ¿Qué es creer sino otra ilusión? No hay que creer, hay que sentir, dejar atrás los razonamientos de la mente dual.

—¿Quién me va a escuchar?

—Eso tampoco es de tu incumbencia. ¿Tienes miedo?

—No, ¿por qué tendría que tenerlo?

—Te pueden calumniar, criticar, ridiculizar. Pueden querer hacerte desaparecer del mapa. ¿Qué te parece?

—Bueno, la verdad es que no aspiro a ser un mártir. No entiendo eso de los martirios.

—Por ello te explico todo esto. Por tu renuncia a triunfar en el mundo dual. El Jefe no espera ningún sacrificio ni crucifixión. ¿Para qué uno tendría que crucificarse?

—Para demostrar que es bueno, ¿no? Creo que eso funciona así.

—¿Qué sentido tiene crucificarse? ¿Acaso creéis que el Jefe espera eso de vosotros? Sois lo que sois, somos la esencia de la Divinidad.

—Ahora recuerdo lo que dice el *Curso:* «Declara quién eres y reclama tu herencia». Creo que lo dice más o menos así. Lo importante es que decidas quién quieres ser. Mejor dicho, que sientas quién eres, nada más.

—Como ves, todo reside en la elección acerca de quién quieres ser en todo momento. La vida es una elección constante. Cada instante es creativo. Tu mente nunca está vacía. Tú decides a qué prestar atención. Tu atención tiene que estar libre de juicios, y entonces podrás ver la verdad de lo que percibes.

El héroe se aleja, busca al que ya considera su amigo, el hombre de negro. Este le pregunta:

—¿Qué tal? ¿Cómo te encuentras?

—La verdad es que estoy aturdido. ¿Es cierto que no hay que hacer nada?

—Entiendo tu zozobra. Vives en el mundo del hacer. ¿Estás dispuesto a seguir en este camino?

—¿Tengo otra opción?

—Por supuesto. Si estás aquí es simplemente porque tu alma te ha traído hasta aquí. Yo solamente soy la respuesta. Tú eliges.

Nuestro héroe se despierta en su cama. Son las cuatro y media de la mañana. «Otra vez esta hora», piensa, y recuerda: «El Poder de Decisión es la única libertad que te queda como prisionero de este mundo. Puedes decidir ver el mundo correctamente» (T-12.VII.9:1-2).

También le viene a la memoria una frase de David R. Hawkins[6], autor de *El poder frente a la fuerza,* entre otros libros: «El universo está totalmente libre de víctimas, y toda eventualidad es el desarrollo de una elección y una decisión interior».

---

6 *El poder frente a la fuerza,* David R. Hawkins, Editorial El Grano de Mostaza, Barcelona, 2015.

9

NO HAY VIAJE

«Estar despierto es aceptarlo todo no como ley, no como sacrificio ni como esfuerzo, sino por iluminación».

Anthony de Mello

El héroe se encuentra en una gran sala. Sentado con unos amigos, espera su turno para ser recibido por una maestra hindú. Lleva un tiempo de aquí para allá, en una especie de peregrinación de maestro en maestro. En menos de un año ha conocido a varios. Lo único cierto es que estos encuentros le han permitido viajar y conocer un poco el mundo. Ha leído lo que muchos autores han escrito sobre el viaje espiritual, cómo es, qué hay que hacer, qué técnicas, etc. Nada de todo ello le satisface. Parece que la única manera de hacer esta especie de viaje es esperar que alguien llamado «maestro» te dé alguna señal.

—¿Qué hacemos todos nosotros aquí? ¿Para qué estamos aquí? ¿Qué esperamos?

—Todo es una proyección.

—¿Quién eres? ¿Cómo sabes lo que pienso?

—Eso no importa. Estoy aquí para responder a tus preguntas. —Quien habla es un hombre de mediana edad con barba bastante poblada y penetrantes ojos negros. Su vestimenta es sencilla: un jersey verde, pantalones de pana oscuros y zapatillas de deporte—. Ya se te ha dicho que todas las preguntas son respondidas siempre que se hagan con un corazón libre de juicios. Sabes que todo es un sueño y que soñamos continuamente. Quiero que sepas que no se trata de dejar de soñar, sino de despertar en el sueño.

—¡Despertar en el sueño! No entiendo. ¿Cómo podemos despertar si seguimos dormidos?

—Je, je, buena pregunta, amigo. El sueño consiste en un viaje, un viaje llamado «el regreso a casa».

—¿Por qué dices que es un sueño? Para mí todo es muy real, muy... sólido.

—Precisamente este es el truco: su apariencia de realidad.

—¿No es real lo que veo y toco?

—No, no lo es. Lo que ves y tocas tiene una cualidad: el cambio. Todo lo que cambia no es permanente y esta es precisamente la cualidad de lo irreal. Por esto se habla de ilusión. Saber vivir en la impermanencia es una cuestión vital y de importancia capital en varias enseñanzas espirituales, como la budista. Todo es cambiante, nuestro mundo, relaciones, pensamientos y hasta nuestras creencias. Tú eres un ejemplo perfecto de lo que quiero decir. Eres un buscador como tantos otros. La pregunta es: *¿sabes dónde mirar?* Porque esa es la clave del auténtico buscador.

—Decías que todo es proyección...

—Exacto. Por ejemplo, el hecho de que tú estés aquí es una clara proyección de algo que resuena en tu interior. No sabes muy bien para qué estás aquí, pero estás. En este sueño, todo el mundo busca las respuestas a sus preguntas en el exterior. El problema, repito, es que no saben mirar y entonces esperan recibir «algo». Algo que el buscador cree no tener. Se olvida de que, si está aquí, es porque lo que ve y oye le resuena, por lo tanto, ya es algo que forma parte de él mismo.

—Por eso está escrito que, si quieres conocerte, debes buscar en tu interior.

—Sabias palabras, pero poco comprendidas. El profeta persa Rumí dijo: «Aquello que buscas te busca a ti». Son palabras de un nivel muy elevado de conciencia. Expresan una cualidad propia del universo que se llama vibración o resonancia.

»Antes de que preguntes, escúchame con atención: vivimos en un mundo dual, en un mundo de opuestos en el que todo parece estar separado. No tiene sentido buscar afuera ni tampoco buscar adentro.

—¿Cómo?

—Tranquilo. Escucha. Mantén tu mente reactiva, desbocada como un caballo, bien controlada y atada en la anilla de la reflexión y de la quietud mental.

»Como te decía, no hay que buscar dentro ni fuera, pues la verdad no es dual. No existe afuera y adentro. Esta creencia es la que sustenta el sueño. La oposición no es real; sí lo es la *complementariedad*.

—Sigue, por favor. Creo que empiezo a entenderte.

—El camino más rápido para conocerte a ti mismo no es buscar en tu interior y alejarte del mundo. Es en el mundo donde te conocerás mejor a ti mismo, y más rápidamente. Pero tampoco tienes que buscar en el mundo. Se trata de una contradicción aparente que se sustenta en un uso incorrecto de la percepción.

—Otra vez de vuelta a las andadas con la percepción. Ya sé que siempre interpreto lo que veo.

—¡¡Muy bien!! Je, je. Veo que ya sabes muchas cosas, el asunto estriba en cómo las empleas. Sigamos, si te parece.

—Faltaría más, sigamos.

—¿Qué haces con tus interpretaciones? ¿Cómo las usas? ¿De qué te sirven?

—¿Para conocerme mejor?

—Sí, señor, muy bien. Para conocerte mejor. Esta es la gran utilidad de la percepción, y muchos se quedan simplemente en la proyección.

—¿Cuál es la diferencia?

—La proyección se basa en la creencia de que, si te echo la culpa de lo que me ocurre, me libero. Pero es al contrario, pues la ley dice que, *si quieres algo, primero tienes que darlo*. La proyección es la percepción utilizada por el ego, que siempre se saca de encima todo lo que le molesta. Él cree y te hace creer que la causa de todos tus males está afuera.

»La percepción tiene dos aspectos bien diferenciados. El primero se asemeja a la proyección, pero es más inconsciente, pues se basa lisa y llanamente en creer que lo que ves es cierto. Es una interpretación inconsciente. El segundo aspecto también es una interpretación, pero consciente. Uno sabe que lo que ve quizás no sea verdad, que tal vez haya otra manera de ver las cosas. Este es el primer paso para conocerte a ti mismo. Consiste en reconocer que tu percepción habla de ti mismo y que te pones de manifiesto en lo que ves. Así empiezas a reconocer que todo juicio que proyectas afuera está dentro de ti.

—Estoy estudiando *UCDM* y creo recordar algo parecido.

—Muy cierto, y harás bien en aplicar a tu vida lo que dice.

—¿Qué te parece si lo recordamos? Veamos: «El objetivo del plan de estudios, independientemente del maestro que elijas, es: conócete a ti mismo. No hay nada más que buscar. Todo el mundo anda buscándose a sí mismo y buscando el poder y la gloria que cree haber perdido. Siempre que estás con alguien, tienes una oportunidad más para encontrar tu poder y tu gloria. Tu poder y tu gloria están en él porque son tuyos. El ego trata de encontrarlos únicamente en ti porque no sabe dónde buscar. El Espíritu Santo te enseña que si únicamente buscas en ti no podrás encontrarte a ti mismo porque tú no eres un ente separado» (T-8.III.5:1-7).

—Como ves, afuera no hay nada y está todo. Otra aparente contradicción, pero no es así. Lo que ves afuera siempre está sujeto a interpretación hasta un punto que no te puedes ni imaginar, por eso digo que no hay nada. Pero a su vez lo es todo, porque es la única manera de poder conocerte sin trabas.

—¿Entonces todo encuentro, toda circunstancia, es una oportunidad para conocerme?

—*UCDM* lo dice claramente cuando recuerda que todo encuentro es santo y que, tal como lo consideres, así te consideras a ti mismo. Por eso afirma que en tu hermano encuentras la salvación o la perdición.

»¿En qué piensas?

—¿No estábamos en el viaje de regreso a casa?

—Sí. Pero era necesario comprender y profundizar más en lo que hay que entender por percepción y proyección. En lo referente al viaje, debo decirte que no existe, que nunca hemos salido ni vamos a ningún lugar. Lo que llamamos viaje es una experiencia onírica, un sueño en el que creemos que estamos separados de la Fuente primordial, un sueño de carencia, sufrimiento, dolor, penas y desdichas.

—¡Vaya, un viaje de terror!

—Por eso no es real, es una experiencia sobre algo que no es posible: la separación.

—Pero sí estamos separados. Ahora mismo yo estoy separado de ti.

—Debido al cuerpo, que es creación de nuestra conciencia. El cuerpo tiene esa función: la de hacernos sentir separados. Como nuestra mente se identifica con él, la encerramos y creemos que nuestros pensamientos no afectan a nadie más que a nosotros mismos.

»¿Te has sentido muy unido a alguien o a algo?

—Cierto, muchas veces te sientes tan unido a algo o a alguien que te duele.

—A eso se le llama apego.

—¿Apego? ¿Y eso es malo?

—Depende de cómo lo utilices. A esta fuerza también se la puede llamar empatía, una cualidad que nos permite ponernos en el lugar del otro. Si se la emplea así, esta cualidad puede considerarse *buena*. Otra forma de usar la empatía es enfocarla exclusivamente en ciertas personas y cosas, y esto nos hace sufrir, por lo que se la podría llamar *mala*. La primera es una cualidad intrínseca del espíritu, la segunda es del ego.

—Entonces, ¿el apego consiste en utilizar la empatía de una forma errónea?

—Correcto. Las cosas y las cualidades no son buenas ni malas en su esencia. Lo que las polariza es el sentido que les damos, y este depende de cada uno.

—Entonces, el apego...

—Es una cualidad que te hace sentir unido a personas y cosas. Debes saber que una de las características del inconsciente es que para él el otro no existe. Si te apegas a alguien o a algo, para el inconsciente el objeto de tu apego eres tú. Para él no hay nada afuera. Además, para él todo es real, no distingue entre lo que se ve y lo que se piensa; si le ocurre algo al objeto de tu apego, considera que te pasa a ti.

—¿Qué tiene que ver esto con el viaje?

—Pues todo. El apego te aferra a la experiencia onírica, y lo hace mediante el dolor y el sufrimiento, el miedo a la pérdida, la creencia en la escasez, en la posibilidad de quedarte solo y sin nada. Esto te mantiene anclado profundamente en el sueño; lo hace muy real. Entonces tu viaje pierde sentido. Muchas veces te has preguntado para qué vivir si la vida es básicamente dolor y sufrimiento. Has oído frases como: «Si Dios existiera, no permitiría que ocurrieran cosas tan horrorosas en el mundo». Lo cierto es que la Vida es Amor en un nivel inalcanzable para nuestros intelectos. El Amor carece de arrogancia e intrusismo; es pura libertad de elección. Por eso nuestra vida, nuestro mundo, es la expresión de una vibración o nivel de conciencia.

—¿Cuál es el camino?

—El desapego, que consiste en estar en el mundo sin pertenecer a él. Vivir en el mundo como en una especie de escuela para aprender a reconocerte a ti mismo a través de los demás y de las experiencias que tienes con ellos. Las relaciones son el baluarte de este camino de despertar, pues en ellas te pones de manifiesto y en ellas puedes vivir las experiencias que te atan al mundo o te liberan.

—Entonces, la manera en que viva mis relaciones expresa mi nivel de conciencia. ¿Qué ocurre con el camino?

—Simplemente que se acorta, por decirlo de alguna manera. Te das cuenta de que las cosas no son como parecen, sino como las eliges vivir. Esto libera tu mente hasta un punto que comprendes que el camino, el viaje, no existe, es simplemente una experiencia, y muy relativa, por cierto.

—Veamos unas reflexiones sobre el viaje de retorno de *UCDM:* «Cuando te encuentres con alguien, recuerda que se trata de un encuentro santo. Tal como lo consideres a él, así te considerarás a ti mismo. Tal como lo trates, así te tratarás a ti mismo. Tal como pienses de él, así pensarás de ti mismo. Nunca te olvides de esto, pues en tus semejantes, o bien te encuentras a ti mismo, o bien te pierdes a ti mismo» (T-8.III.4:1-5).

—La parábola del hijo pródigo refleja perfectamente lo que es la vida: un viaje de experiencia, un viaje del no ser, en el que se cree que la Vida está ofendida, cuando en realidad es Ella la que se experimenta a sí misma a través de ti. Cuando por fin decides ir a casa, cuando por fin dejas el sufrimiento y, sobre todo, la culpabilidad, entonces se produce la explosión del desapego. Tomas conciencia de que lo que te mantenía atado no era nada; era tu mente limitada a un cuerpo y a unas experiencias.

»"El viaje a Dios es simplemente el redespertar del conocimiento de dónde estás siempre y de lo que eres eternamente. Es un viaje sin distancia hacia una meta que nunca ha cambiado. La verdad solo puede ser experimentada" (T-8.VI.9:6-8).

—Entonces, aparte de hacerte sentir separado, ¿el cuerpo sirve para algo más?

—Para la comunicación. El cuerpo es un medio, no un fin en sí mismo. El ego lo utiliza para separarte, el espíritu lo emplea para llegar a otros a través de él. El ego usa el cuerpo para demostrarte que puedes ser herido. Pero, en realidad, la fuente de todo dolor se halla en la mente que se cree separada. Po ello, *UCDM* dice: "El pensamiento no se puede convertir en carne excepto mediante una creencia, ya que el pensamiento no es algo físico. El pensamiento, no obstante, es comunicación, para lo que sí *se puede* usar el cuerpo" (T-8.VII.7:4-5).

»Escucha esta hermosa frase del *Curso*. Es un canto a la libertad y al Amor divino: "Yo no te impongo límites porque Dios no te impone ninguno. Cuando te limitas a ti mismo, no somos del mismo sentir, y eso es lo que es la enfermedad" (T-8.IX.8:4-5).

—Entonces, el supuesto viaje es un sueño.

—Sí, un sueño que se repite una y otra vez. Es como estar en una noria. Los acontecimientos se repiten, las experiencias se repiten, los encuentros se repiten, siempre la misma historia. ¿No te parece como mínimo extraño?

—La verdad es que sí. Es algo que me he preguntado muchas veces. No entiendo por qué no aprendemos de las experiencias. Parece que todo el mundo se olvida de lo que pasó.

—Por eso todo se repite, para que llegue un momento en que demos otra solución a los mismos problemas.

—¿Cuál es esta nueva solución?

—Tomar conciencia de que nadie te está haciendo nada, sino que eres tú el que te lo haces a ti mismo. No existe la separación. Ante ti está la oportunidad de expresar este conocimiento. Por eso la historia se repite, porque aplicamos las mismas soluciones a los mismo problemas. Mucha gente llama pruebas a esto, pero en realidad son oportunidades de *volver a elegir*.

—Elegir, elegir... Creo que esta es la clave de todo este intríngulis.

—Así es. Tu poder es precisamente este: elegir de qué manera quieres vivir la experiencia, si como víctima o como una posibilidad de aprendizaje. Tu elección te puede esclavizar o hacer libre. Cada uno de nosotros somos dueños de nuestras vidas, somos sus hacedores. Una magnífica elección es dejar tu vida en manos de Aquel que sabe lo que es mejor para ti, y que sabe cómo utilizar las relaciones, las circunstancias y las experiencias sin que nadie pierda.

»En tu elección está tu redespertar.

10

HACER FRENTE A SER

«No te aflijas, cualquier cosa que pierdes vuelve de otra forma».

Rumí

Nuestro héroe se encuentra de viaje en Turquía; se ha tomado unos días de asueto para conocer ese país que siempre lo ha atraído. Visita Estambul, la antigua Constantinopla, una ciudad que transpira historia por todos sus poros. Uno puede ver y sentir a los cruzados, sus luchas contra los turcos otomanos. La caída del último imperio romano en Oriente y el fin de la Edad Media en Europa. Se siente lleno de energía, siente que la historia penetra todo su ser.

Lo que no sabe es que este viaje va a ser una revelación más en su camino al despertar. Visita Konya, una ciudad situada en el centro del país. Se comunica al grupo que se los llevará al templo y a la tumba del maestro Mevlana, fundador de la secta de los sufís, conocidos como los monjes danzantes. Hace calor y el héroe no sabe quién fue Mevlana, pero desde hace tiempo lo atrae la mística de los derviches. Ha leído mucho sobre Rumí, pero no sabe que Mevlana y Rumí son la misma persona.

El significado del término *derviche* no se comprende muy bien en Occidente. Aunque quiere decir «mendicantes» o «mendigos», en realidad son personas que tienen un actitud de indiferencia frente a los bienes materiales, de total desapego al bienestar mundano.

El vestuario de los derviches está estrechamente relacionado con la honra funeraria a Mevlana: el color blanco, que predomina en el traje, se identifica con la mortaja fúnebre, mientras que el peculiar gorro cónico *(kulah)* representa la lápida de la tumba y la tapa del ataúd. Los líderes de cada grupo de baile visten de otro color para distinguirse, pues representan al Sol, mientras que los demás derviches encarnan los planetas en su órbita, pues se busca estar en constante *equilibrio con el universo*.

Fuente: elanartista.com.ar.

El héroe entra en el templo y de repente se encuentra bañado por una energía que se le clava en todo su cuerpo, en todo su ser. Es como una lluvia de agujas que le conectan con todo lo que hay en el templo. Está frente al sarcófago del maestro Mevlana. Pierde la conciencia de espacio-tiempo, queda profundamente ensimismado, y sabe que él estuvo allí, él fue un derviche y Mevlana fue su maestro.

El héroe entra en un estado alterado de conciencia y tiene una experiencia transpersonal. Se le acerca un monje derviche, con el atuendo propio de esta secta religiosa.

—Hola, sé bienvenido. Sí, fuiste un discípulo de Mevlana, aunque lo conoces como Rumí.

—¡Lo sabía! Sabía que había alguna relación, no era consciente de ella, pero había una certeza en mi corazón.

—Estoy aquí para recordarte parte de las enseñanzas que aprendiste hace ya siglos con el fin de que las recuerdes y, por supuesto, las vivencies y enseñes a todos los que te quieran escuchar.

—Dime, por favor.

—Estos son los siete consejos del maestro Mevlana.

»1. Sé como un río en generosidad y ayuda.

»2. Sé como el sol en ternura y misericordia.

»3. Sé como la noche que cubre los defectos de los demás.

»4. Sé como un muerto en cólera e irritabilidad.

»5. Sé como la tierra en humildad y modestia.

»6. Sé como el mar en tolerancia.

»7. Sé visto como eres, o sé como eres visto.

»Todo es perfecto tal como es. ¿Por qué todos los sabios de todas las épocas lo han dicho y nadie lo cree? El hecho de que las cosas sean como son quiere decir que están en su lugar. Cuando todo está en su lugar, no se puede hacer mejor. Si las cosas ocuparan un lugar diferente, no sería perfecto. Así pues lo que es perfecto es lo que está hecho. Desde el punto de vista superior, nada se sitúa fuera del Absoluto o de la Voluntad divina. La visión superior engloba la sombra y la luz, los opuestos y los complementarios, el bien y el mal, lo bueno y lo malo, la alegría y el sufrimiento, el yin y el yang. Así es desde el principio de los tiempos.

»La aceptación es la clave en la vida, el total desapego de lo que te sucede. Por cierto, si te molesta de alguna manera la palabra "Dios", puedes emplear la palabra "Vida"; tiene el mismo significado para la Consciencia universal, y además se acomoda a todas las mentes.

—Háblame de la aceptación, por favor. Se la suele interpretar como resignación: «¡Qué se le va a hacer!», «las cosas son como son», «será que me lo merezco», y otras lindezas por el estilo. Estoy seguro de que hay un significado mucho más profundo.

—Cuando aceptamos una situación, nos abrimos y todos los cambios son posibles. Cuando la negamos, nos debilitamos en la lucha.

—¿Qué es luchar?, ¿para qué lucha la gente?

—La respuesta está en la esencia del ego. Este se siente separado y su *modus vivendi* consiste en mostrarse, en afirmarse; de no hacerlo así, dejaría de existir. Como ya sabes, el ego nos lleva siempre al hacer, mientras que el espíritu nos hace vivir el Ser.

—¿Cuál es la diferencia exactamente?

—El *hacer* es la creencia en el cambio. Es la creencia en que, si tú no haces, nada ocurre. En el hacer, tú tienes que resolver tus problemas, a tu manera. El hacer te debilita, pues es una lucha contra lo que percibes como oposición. El hacer quiere que los demás cambien. Todas sus acciones se dirigen al cambio, sea del tipo que sea, como el cambio espiritual, basado en tener que hacer algo para ser digno de la Vida. Se le llama camino espiritual, pero al final quedas en manos del ego espiritual. Este siempre procura desanimarte y, si consigues alguna de las metas que te has propuesto, te hace caer en la tentación de la comparación para que te sientas diferente o especial. Tal es la dinámica del concepto hacer.

»Muchas veces el hacer te lleva a conseguir el propósito que te has marcado, incluso cambios profundos ya no en el exterior, sino en tu interior. Pero es un trabajo arduo, tedioso y largo. *UCDM* lo expresa muy claramente en el apartado "No tengo que hacer nada": "Cuando la paz llega por fin a los que luchan contra la tentación y batallan para no sucumbir al pecado, cuando la luz llega por fin a la mente que se ha dedicado a la contemplación o cuando finalmente alguien alcanza la meta, ese momento siempre viene acompañado de este feliz descubrimiento: *'No tengo que hacer nada'*" (T-18.VII.5:7). "He aquí la liberación final que todos hallarán algún día a su manera y a su debido tiempo" (T-18.VII.6:1).

»En cambio, el *Ser* es un estado de conciencia en el que sabes que nada te puede faltar, no hay necesidad ni carencia. Sabes que todo se te mostrará a su debido momento. Que se te proporcionará lo que te haga falta para poder realizar tu función en el mundo del tiempo. El estado de Ser te aleja del sufrimiento y de la búsqueda. Es un estado de aceptación plena, la conciencia de que nadie está en un lugar erróneo. Es un estado de *rendición*, de no resistencia, que te llena de energía para sentirte guiado hasta donde la Vida crea conveniente que estés. En el estado de Ser no hay preocupación alguna. La mente se mantiene alerta ante los embates de la duda y del miedo, ambos adscritos al hacer.

—Háblame de las enseñanzas sufís.

—Las enseñanzas de los maestros del sufís están dirigidas directamente a uno mismo. Abarcan desde la explicación de fenómenos científicos y naturales de manera fácilmente comprensible hasta la ilustración de asuntos morales. Su filosofía es la de lo relevante en *el aquí y el ahora*. Son devotos de lo absurdo y detractores de los dogmas. Buscan la verdad que solo se encuentra mirando dentro de uno mismo.

—Realmente estas enseñanzas resuenan en mí.

—¿Cuáles concretamente?

—Sobre todo lo referido a los dogmas. Creo que dividen, separan, alienan, duermen a las personas y las mantienen hipnotizadas. También la enseñanza de vivir en el presente y renunciar al control; vivir con plena aceptación, con la certeza de que estás donde debes estar y que no tienes que ir a lugares remotos a buscar iluminación, como si la Vida te hubiera colocado en un sitio equivocado.

»También pienso que la filosofía y el pensamiento están por encima de cualquier precepto científico. Los grandes maestros ya decían cosas que ahora la física cuántica demuestra, aunque a muchos científicos les molesta el tema de la conciencia.

—La metafísica siempre va por detrás de la física, ha sido así y lo sigue siendo. Pero, al final, a la ciencia no le quedará otro remedio que certificar que Todo es inteligencia y que esta se muestra de infinitas maneras.

—El hacer está muy ligado a las necesidades, ¿verdad?

—Por supuesto. El ego siempre mantiene la mente en el miedo, en la necesidad, en la idea de que *hay que hacer algo*. Pero la verdad es que el espíritu te proveerá de cuanto necesites para hacer tu obra en el mundo. Se trata de entender el concepto de *hacer* como dejarse llevar, ocuparse, estar en el sitio y en el momento adecuado.

»"Deja, por lo tanto, todas tus necesidades en Sus manos. Él las colmará sin darles ninguna importancia... Bajo Su dirección viajarás ligero de equipaje y sin contratiempos" (T-13.VII.13:1-2,4).

»Una de las máximas de los sufís es: *"Si yo cambio, todo cambia"*.

Nuestro héroe retorna a la conciencia del lugar donde está. Se le acerca un hombre que estaba orando junto al mausoleo del gran maestro sufí.

—¿Quién es usted?

—¿Por qué me lo pregunta?

—Perdone, pero le he estado observando durante una media hora y me ha sobrecogido de gran manera ver su fervor y arrobamiento al estar junto al mausoleo del maestro. Su expresión me ha hecho sentir que usted estaba en presencia del maestro.

—La verdad es que he tenido una experiencia que se podría llamar transpersonal.

Otras personas se acercan, pues han sido testigos de la experiencia. El héroe sigue deambulando por las estancias del templo, absorto, mientras reflexiona sobre la experiencia reciente. De repente, toma conciencia de algo y se pregunta en qué idioma ha hablado con la persona que se le ha acercado para preguntarle su nombre.

Lo busca para preguntárselo, pero no lo encuentra. El templo lo mantiene sobrecogido. Por un breve instante se pregunta: «¿Todavía estoy viviendo la experiencia, o ya estoy con mi conciencia en el templo al que he venido con mi esposa?».

Oye que alguien le llama. Es su mujer. Ahora está seguro de que su cuerpo, su mente y su conciencia están en el mismo lugar.

Varias preguntas martillean la mente del héroe: «¿Qué estamos viviendo? ¿Cuál es la realidad? ¿Qué o quién experimenta?».

De una cosa está seguro: «Todo es relativo, todo es cambiante, todo es subjetivo. Seguro que lo que vivimos es una ilusión, es puro sueño».

Sonríe, se deja llevar por la experiencia que ha vivido. Se la cuenta a su mujer. Esta le sonríe, sabedora de que a su marido le pasan muy a menudo cosas como esta, y le ruedan dos lágrimas por sus mejillas.

—¿Qué te pasa? —le pregunta él.

—No he vivido la experiencia como tú. Pero, al entrar en el templo, me he sentido muy acompañada, con una sensación de plenitud y de paz interior. Te he mirado a lo lejos y te he visto inmóvil, absorto, en oración, y me he emocionado pensando que seguro que ya habías estado aquí. Se notaba a tu alrededor una especie de halo que hacía que la gente te mirase y se te acercara.

Se miran a los ojos y salen del lugar con una sonrisa en la cara y una luz en su interior. Piensan al unísono: *«Este viaje ha valido la pena. ¡¡Qué experiencia de Vida!!»*.

11

DUALIDAD FRENTE A NO DUALIDAD

«La herida es el lugar por donde te entra la luz».

Rumí

S«Si el mundo no es real, si el mundo no existe, en verdad lo estamos haciendo muy bien. Es impresionante cómo la gente, para brillar, te critica y te calumnia como si nada».

El héroe se encuentra en un momento de profunda crisis existencial. Se cuestiona el camino emprendido y las lecciones recibidas. Vive en «una noche oscura del alma», parafraseando a san Juan de la Cruz.

«¿Cómo es posible que haya personas que juzguen lo que ven sin saber a quién o qué están juzgando? ¿Cómo es posible que estas personas crean que los demás no piensan?».

Un cliente de nuestro héroe tiene un altercado con los médicos que lo someten a unas pruebas. Critican y vilipendian al héroe por el tratamiento que ha aplicado al cliente. Este les pregunta: «¿Ustedes lo conocen? ¿Saben en realidad lo que hace?». Los médicos responden que no. «Entonces, ¿por qué hablan de lo que ignoran? Lo que pasa es que están viendo mis pruebas y no comprenden cómo los tumores de mi cabeza ya no están. No es tan complicado, ¿saben? Hay que cambiar la conciencia, hay que comprender. No es un milagro. Porque, si fuera un milagro, yo no pintaría nada en ello. Y les aseguro que tengo mucho que ver. Hagan su trabajo, que es muy importante para mí. Pero no critiquen lo que no comprenden».

La mente de nuestro héroe es un torbellino; se agarra a la única verdad: su mensaje le sirve como mínimo a una persona. Es un pensamiento que lo ha mantenido siempre en el camino.

Su toma de conciencia, su aumento de vibración, lleva implícitos los cambios pertinentes en su universo. Uno de los más evidentes es el aumento de las críticas y de los ataques a su trabajo y a su mensaje.

Esto le recuerda a la película *Matrix*. A medida que Neo va abriendo su conciencia, le salen más Smiths en el camino. Él sabe que esto es una señal positiva, que su camino molesta a las mentes empeñadas en no cambiar.

Recuerda su compromiso con la Vida. Una vez más, se lo cuestiona, y una vez más, lo deja todo en manos de la Consciencia, que sabe lo que es mejor para todos.

El héroe se vuelve a encontrar con el hombre de negro. Ahora sabe que está fuera del cuerpo, en una experiencia transpersonal.

—Hola, querido héroe. Hemos recibido la reafirmación del compromiso. Y también tu disposición a renunciar si se considera que no estás haciendo bien tu trabajo. Debes saber que en el Campo Cuántico no se cuestiona nada. Todo es posibilidad de manifestación. La pureza de tu sentimiento y de tu compromiso es lo que realmente crea las situaciones.

—Si la dualidad no existe, entonces ¿quiénes son estos que me critican, me insultan, me calumnian y lanzan diatribas?

—Proyecciones de la *sombra colectiva*. El miedo al cambio, el miedo a lo nuevo. Así como tu sombra individual, relacionada con el miedo a no ser aceptado. Es una magnífica oportunidad de integración, de utilizar la crítica como fuerza para avanzar en tu camino. Superar la crítica es un gran paso para desarrollar tu Ser interno. Se trata de un proceso de transformación.

—¿De transformación? Explícate, por favor.

—Toda transformación es vivir en la no dualidad, trascender los opuestos, renunciar a percibir ataques. Es plena comprensión de que todo es Uno y de que no hay dos. Todo es resonancia, todo se complementa: la luz y la oscuridad, la enfermedad y la salud, lo femenino y lo masculino, el yin y el yang. Esto ya lo sabes, pero saberlo no es suficiente. ¡Hay que vivirlo! ¡Hay que experimentarlo! De no hacerlo, nunca se integra.

»La transformación implica conectarse con el Campo de Consciencia. Así amplías tu conciencia y cambias la frecuencia vibratoria de tus pensamientos, sentimientos y emociones. De esta manera vives en la no dualidad en un mundo aparentemente dual.

»De todas maneras, tienes que saber que lo que estás viviendo te puede doler, te puede llevar a un estado de indefensión y a una repentina falta de confianza. Pero eso no debe afectarte. La verdad es que todas estas críticas y calumnias son la prueba de tu éxito, la prueba de que vas en el camino correcto. Recuerda esta frase de Mahatma Gandhi: *"Primero te ignoran, después se ríen de ti, luego te atacan; entonces ganas".*

—¡Anda, esto sí que levanta la moral!

—Je, je. Son sabias palabras de un gran ser. Ya sabes que Gandhi es el padre de la no violencia.

—Y curiosamente murió con violencia, asesinado.

—Por la gran sombra que había generado. Por eso es tan importante la integración. De alguna manera, sus posturas de no violencia eran violencia para algunas mentes. Hay que generar mucha compasión hacia tu espejo, hacia tu sombra. En la mente de Gandhi había oposición y resistencia, y esto generó la explosión de la sombra.

—Entonces el mejor camino es...

—El silencio.

—¿El silencio?

—Sí, el silencio no como disciplina, sino como quietud mental para no prestar atención a una mente que está en oposición, en lucha. No puedes luchar contra nadie que no seas tú mismo.

»Escúchame bien, por favor: un pensamiento revestido de sentimientos y de emociones es como una gran ola, una especie de tsunami en el mar infinito de la Consciencia. Tu atención hace que esta ola —esta onda de información— colapse en forma de una experiencia concreta. Tu atención es como una pared, es pura resistencia. Dicho de otra manera, da sentido a la onda que te llega. Si no te resistes, esta onda de información revierte otra vez a la fuente. Mantenerte alerta, vigilar tu mente, que como ya sabes es muy ociosa, es un requisito fundamental para alejarte de las influencias del mundo dual.

—Entonces el mundo dual vendría a ser como una resistencia de nuestra mente.

—Bien pensado. En el Campo de las infinitas probabilidades —la no dualidad—, nuestra atención, como observadores, colapsa las ondas de información en situaciones concretas. De hecho, está escrito que, si cambias tu conciencia, cambiará tu universo.

»Según el principio de incertidumbre de Heisenberg, la incertidumbre es parte intrínseca de la estructura de la realidad: *vemos solo aquello que de verdad buscamos.* El doctor Robert Lanza lo explica muy bien: el observador fija posiciones o imágenes en el espacio, y el tiempo permite que la mente las procese, es decir, hace una película. Por eso solo vemos lo que queremos ver; aquello a lo que prestamos atención. Y muchas veces, por no decir siempre, nuestra atención está condicionada por nuestras creencias y programación.

»Lanza sugiere que el movimiento de avance del tiempo no es una característica del mundo exterior, sino una proyección de algo que está dentro de nosotros. La creamos a medida que entrelazamos lo que observamos. Según este razonamiento, el tiempo no es una realidad absoluta, sino un rasgo de nuestra mente. Dice: "Que el tiempo es una flecha invariable es una simple conjetura humana. Que vivimos en el límite del tiempo es una fantasía. El espacio y el tiempo son formas del entendimiento humano. Punto"[7].

—No se puede ser más contundente. Según todo lo que me explicas, lo que parece real está en la mente y depende de la frecuencia en la que esta vibra. Esto explicaría una situación que viví, en la que pude evitar un accidente importante porque lo vi todo a cámara lenta. Estábamos en una autopista y, al tomar una curva, los coches de delante estaban parados. Apreté los frenos con todas mis fuerzas y

7 *Biocentrismo,* Robert Lanza, Editorial Sirio, Málaga, 2012.

vi que podía evitar chocar con el coche que había delante. Por el retrovisor, vi otro coche a gran velocidad que frenaba. Le humeaban las cuatro ruedas, y comprendí que, si no le dejaba espacio, chocaría contra mí y yo contra el coche de delante. Vi la cara del niño que miraba hacia nosotros. A mi derecha, un camión tráiler me bloqueaba el paso, pero vi un resquicio y me metí por él. Dejé espacio. El coche que venía por detrás giró contra el guardarraíl para evitar el choque y yo pude pasar entre este y el camión y aparcar en el arcén del margen derecho. Lo vi todo a cámara muy lenta. Nadie nunca me ha sabido explicar qué pasó en mi mente. Hoy por fin lo entiendo. El tiempo es mental y, según me explicas, esto es así *porque no interviene el pensamiento*.

—En el universo en el que vivís rige la lógica espaciotemporal. Vuestra conciencia crea vuestra realidad, pero todo esto es un sueño. Hay multitud de universos que se adaptan a esta premisa de la conciencia.

—¿Cuál es la diferencia esencial entre el mundo dual y el no dual?

—Empezaré por el mundo no dual. En este no hay secuencias, por lo tanto no hay tiempo tal como lo entendemos. Si no hay tiempo, no hay espacio. No hay experiencia, todo es un ahora, y pueden darse todas las posibilidades. Entonces, ¿de qué depende la manifestación de una posibilidad y, por consiguiente, su experiencia. Aquí interviene la dualidad. Lo que separa lo uno de lo otro es simplemente la conciencia: este es el límite de la dualidad.

»Entre la dualidad y la no dualidad hay una continuidad; la no dualidad impregna la dualidad. Dicho de otra manera, están la Consciencia —la no dualidad— y la conciencia —la dualidad—. Esto nos lleva al *observador*. Sin conciencia, la materia se mantiene en un estado de probabilidad. Cuando hay conciencia, se produce el colapso de onda —el colapso de información— de acuerdo a cómo vibra esta conciencia. Tales son los fundamentos de lo que llamamos "mundo real", que no es más que un sueño o ilusión.

—¡Vaya con el observador! Creo que esto crea muchos problemas a los llamados científicos. Lo sé porque se han hecho muchos experimentos sobre *el efecto del observador* y, aunque sea a escondidas, siempre aparece la conciencia.

—La ciencia actual solo nos puede llevar hasta el umbral de la Consciencia, que no depende en absoluto de la percepción. En el estado de la Consciencia, la mente se queda en silencio, todo es un despliegue de posibilidades y los conceptos de esfuerzo, sacrificio, trabajo y pensamiento racional desaparecen.

—Entonces, ¿qué es el observador?

—Es la Consciencia manifestada en una infinidad de conciencias. Estas —fíjate que uso el plural— tienen la capacidad de manifestar las posibilidades de la Consciencia de infinitas maneras. A esto se le llama la vida, o también el mundo dual. Por eso se dice que el límite de la dualidad es el límite de la conciencia.

»El *Curso* también lo dice: "La conciencia —el nivel de percepción— fue la primera división que se introdujo en la mente después de la separación, convirtiendo la mente, de esta manera, en un instrumento perceptor en vez de en un instrumento creador. La conciencia ha sido correctamente identificada como perteneciente al ámbito del ego" (T-3. IV.2:1-2). Y nos da un aviso muy serio, que es la clave del dolor y el sufrimiento: “La mente es muy activa. Cuando elige estar separada, elige percibir” (T-3.IV.5:2-3). Nos advierte que la mente queda poseída, por así decirlo, por el ego, que es la creación de una conciencia que se siente separada, lo cual nos lleva a la incertidumbre y al miedo. La mente poseída por el ego insiste en creer en la dualidad y en el control.

»Esto hizo posible que la conciencia fabricara el cuerpo, pues, como dice el *Curso:* “La capacidad de percibir hizo que el cuerpo fuera posible, ya que tienes que percibir *algo* y percibirlo *con* algo” (T-3.IV.6:1).

»Querido héroe, voy a explicártelo con una analogía. Imagínate que tú solamente eres un punto de luz, que llamaré conciencia. Estás rodeado por una infinidad de energía en forma de puntos de luz, que se ven o se dejan de ver de un instante a otro. Estos puntos de luz, de alguna manera, están a la espera de tus órdenes.

—¿Órdenes?

—Sí, mantente tranquilo y con la mente aquietada. Esta Conciencia se sabe suspendida, apoyada y alimentada por una energía infinitamente superior, que llamaremos la Consciencia. La conciencia y la Consciencia permanecen en estrecha relación. Podría decir que en comunión. La conciencia sabe que su vida está sustentada por lo que ahora llamaré la Vida. Esta es la Suprema Inteligencia.

»Ahora viene lo bueno. Cuando la conciencia se proyecta en la mente, nace *el observador*. Eres un observador plenamente consciente, y el momento culminante llega cuando tú, como observador, decides elegir, decides percibir. Entonces una serie de luces —información— que te rodea se convierte en un mundo aparentemente sólido. Ha nacido el mundo dual. Ahora amplía esto a una infinidad de partículas de conciencia como la tuya. La pregunta que surge seguidamente es: entonces, ¿habrá muchas realidades? Aparece el espacio-tiempo, aparecen muchos mundos, muchos universos. La ciencia ya está desarrollando la *teoría del multiverso*. En la actualidad, la ciencia avanza a través de la intuición científica, y la lógica y las pruebas vienen después.

—Entonces puedo deducir que mis experiencias guardan correlación con mi nivel de conciencia, de vibración, pues, como me has explicado, en el universo Todo es vibración. Todo es resonancia.

—Así es, querido héroe. Aquí reside el gran salto de responsabilidad o de madurez. Hay que despertar a la verdad de que cada conciencia tiene la posibilidad de aumentar cuando se conecta con la Consciencia. Para hacerlo es imprescindible dudar del mundo que ves, darte cuenta de que el mundo en el que vives es una ilusión o, dicho de otra manera, producto del nivel de conciencia de una colectividad que vibra a una frecuencia determinada.

»Ya te has preguntado cómo es posible que el Creador haya hecho un mundo de dolor y sufrimiento, de enfermedad y muerte. Esto no depende de la Vida, sino de la conciencia de cada uno, o de cada mundo. Aquí radica la gran responsabilidad que tenemos como conciencia individual.

—Entonces, si he entendido bien, la Consciencia permite que sus infinitas partículas de conciencia elijan libremente cómo vivir y qué experimentar.

—Somos creadores junto con la Vida cuando elegimos extendernos, vernos en todos y cada uno. Fabricamos cuando elegimos sentirnos separados. ¿Te das cuenta de cuál es el verdadero poder? Cuando nos extendemos, cuando nos vemos en el otro, estamos en la verdad. Cuando nos sentimos separados del otro y fabricamos, vivimos en la ilusión.

—¿Elegir?

—Elegir, aquí reside la auténtica libertad tan anhelada, tan buscada. Tu vida y tu experiencia dependen de tu elección, de cómo eliges vivir.

—La Consciencia nos da vida, entonces.

—Nos da vida, nos da la manifestación, lo que la ciencia llama colapso de onda. Cuando estamos despiertos, cuando no juzgamos, somos creadores. Juzgar es un requisito fundamental para seguir dormidos en el sueño dual.

—El juicio separa; su ausencia une.

—No solamente separa el juicio; también la opinión, el posicionamiento ante un hecho. Es algo muy sutil. Por eso se ha dicho que, si tus palabras no superan tu silencio, mejor cállate. Hay que mantenerse muy alerta a los pensamientos y palabras. Todo resuena en el Campo infinito de la Consciencia. Presta atención y no te lamentes de lo que te pueda ocurrir en el llamado mundo dual.

»Entonces, ante las críticas y las calumnias, la mejor opción es no darles vida. Dejar que mueran por sí solas. Aunque, antes de morir, dejan mucha porquería, dejan huella en tu vida.

»Aquí tienes una gran oportunidad de utilizar el poder de elegir. Elige perdonar o elige sentirte atacado y, por lo tanto, víctima. Tienes libertad. La Vida necesita de tu perdón. Está escrito que el tiempo está a la espera del perdón. Cada vez que perdonas, colapsas mucho espacio-tiempo.

—Entonces, ¿hay que resignarse y no hacer nada?

—No. Tú estás en el mundo de la acción, lo que eliges es si quieres ejercerla con el ego o con el espíritu. Lo importante, lo realmente importante, es con qué emoción haces las cosas. Este es el quid de la cuestión.

»*UCDM* explica todo esto con mucha claridad:

»"El poder de elegir es el mismo poder que el de crear, pero su aplicación es diferente. Elegir implica que la mente está dividida. El Espíritu Santo es una de las alternativas que puedes elegir" (T-5.II.6:5-7).

»"El Espíritu Santo ve la situación como un todo. El objetivo establece el hecho de que todo aquel que esté involucrado en la situación desempeñará el papel que le corresponde en la consecución del mismo" (T-17.VI.6:4-5).

»"El Espíritu Santo jamás ha dejado de resolver por ti ningún problemas que hayas puesto en Sus manos, ni jamás dejará de hacerlo. Cada vez que has tratado de resolver algo por tu cuenta, has fracasado. Este es el año en que debes poner en práctica las ideas que se te han dado. Pues las ideas son fuerzas poderosísimas que se deben poner en práctica y no dejar en desuso" (T-16.II.9:1-2,4-5).

»"Pues cada uno ha traído la Ayuda del Cielo consigo... Y cuando decida hacer uso de lo que se le dio, verá entonces que todas las situaciones que antes consideraba como medios para justificar su ira se han convertido en eventos que justifican su amor" (T-25.III.6:3,5).

»"Puedes estar seguro de que la solución a cualquier problema que el Espíritu Santo resuelva será siempre una solución en la que nadie pierde" (T-25.IX.3:1).

—Ya que estamos, ¿por qué no me hablas de la teoría del multiverso. Me ha parecido leer en tu expresión que hay algo más que debo saber. ¿No es así?

—Bueno, es un poco largo de explicar, pero, como tenemos todo el tiempo del mundo... Je, je, je.

»Antes que nada, te recuerdo algo que ya te he dicho: la ciencia, actualmente, avanza a través de la intuición y la lógica. Es altamente teórica y de alguna forma contradice un pilar fundamental de lo que se considera científico: que el fenómeno se debe observar. Hoy en día, dentro de la física, está la física teórica, que espera que sus predicciones puedan ser corroboradas mediante la observación o los cálculos pertinentes.

»La archiconocida teoría del *big bang* intenta explicar la existencia de nuestro universo. Pero no explica qué provocó la primera explosión ni qué había antes de esta.

»Según un razonamiento bastante lógico, la fuerza de expansión del *big bang* se debería ir desacelerando. Pero se sabe que el universo sigue expandiéndose y cada vez a mayor velocidad. Los científicos Alan Guth y Andréi Linde desarrollaron la teoría de la inflación. Pero esta inflación no es uniforme ni acaba a la vez, y en algunos espacios sigue aumentando.

»El cosmólogo Alex Vilenkin formuló la teoría de la inflación eterna, a la que durante muchos años sus colegas no prestaron atención. Según esta teoría, el *big bang* no habría sido un acontecimiento único, sino que hubo muchos, y, no solamente esto, sino que se seguirían produciendo actualmente. Esto explicaría los multiversos.

»Hay dos teorías que permiten suponer la existencia de multiversos. Una es la teoría de cuerdas. Según la otra, que pertenece al campo de la cosmología, el universo no se ralentiza, y ello ocurre gracias a una fuerza a la que se llama *energía oscura* simplemente porque no se ve.

»Se calculó el valor de esta energía oscura, y era billones y billones de veces menor que la unidad, un valor que solo tiene sentido si vivimos en un multiverso.

»Por su lado, la teoría de las cuerdas parte de que las partículas atómicas están compuestas de partículas subatómicas llamadas quarks, formadas a su vez, según la teoría, de filamentos vibratorios. La materia estaría formada, o mejor dicho, se manifestaría, según la vibración de estas cuerdas. Fíjate que ya estamos en la esencia del universo, *la vibración*, que también podemos llamar *resonancia.* Esto ya lo han dicho los místicos orientales desde la Antigüedad. Según los físicos teóricos, estas cuerdas tienen nueve dimensiones, seis de las cuales —las otras tres ya las conocemos— son muy diminutas. Según su disposición, determinarían las propiedades de las partículas, y estas, las de la materia. Como dicen algunos científicos, serían como el ADN de un universo particular. *Nuestro universo tiene una vibración determinada por su ADN*.

—En síntesis, la teoría de los multiversos se sostiene sobre tres pilares: la inflación, la energía oscura y la teoría de cuerdas.

—Pero todo esto no explica el nacimiento primigenio. Los científicos en general quieren evitar totalmente el principio Creador. Alex Vilenkin dice: «Toda evidencia nos lleva a que el universo tuvo un principio», y también a que «el universo pudo crearse espontáneamente de la nada».

—Perdona, dice de la nada. Esto no lo entiendo. ¿Cómo es posible que de la nada surja algo?

—Hay una filosofía que puede explicar lo que es esta nada. Es el *tao,* la esencia del universo, *el significando*. Es la Consciencia única, el Todo y la Nada, el Principio creador.

»David R. Hawkins, que alcanzó el despertar, integró y definió muy bien la creación y la evolución. No las vio como dos aspectos separados, sino como lo mismo. La creación es la potencialidad y la evolución, su manifestación. En su libro *El ojo del yo*[8], dice textualmente: "La evolución y la creación son una misma cosa. La creación es la fuente y la esencia de la evolución. La evolución es el proceso por el cual se hace manifiesta la creación".

»Así llegamos donde empezamos. Estamos cerrando el círculo. La Consciencia o Principio creador es la no dualidad, y el universo o los multiversos son la dualidad. Lo que sustenta Todo es Consciencia, cuyo principio es infinito, y en este Todo se manifiesta la conciencia, que tiene infinitos aspectos de manifestación. Como diría Hawkins, "la evolución tiene lugar en el plano de la conciencia dentro de los límites invisibles de la Consciencia".

»Nos vemos, querido héroe. Te adelanto otro encuentro en el cual hablaremos de por qué la Conciencia no se puede medir ni ver. *Bye, bye.*

8 *El ojo del yo,* David R. Hawkins, Editorial El Grano de Mostaza, Barcelona, 2016.

12

LA ÚNICA MUERTE (LA MUERTE SIMBÓLICA)

«Mi alma es de otro lugar, estoy seguro de eso, y tengo la intención de terminar allí».

Rumí

C«¡Cuánto dolor, Dios mío! ¡Cuánto sufrimiento hay en este mundo!».

El héroe se siente apesadumbrado. Uno de sus mejores amigos ha fallecido. Un cáncer se lo ha llevado en un visto y no visto. Ha observado cómo se consumía en unas pocas semanas. Lo acompañó hasta el último momento. Su amigo no creía en nada relacionado con la espiritualidad. Esto poco le importaba a nuestro héroe. Le enseñó a estar en paz consigo mismo y con el mundo. Le habló de lo que le esperaba en el otro mundo, al otro lado.

—No tienes que creerme; solamente debes recordar lo que te explico, lo demás vendrá solo. —Su amigo le sonreía y le daba las gracias por su esfuerzo para mantenerlo tranquilo—. Morir es como nacer a otro estado de cosas. Cuando nacemos aquí, de alguna forma morimos en otro espacio-tiempo. Cuando morimos aquí, nacemos en otro espacio-tiempo. Es así de simple.

—Muy bien, ¿y el dolor?

—Estoy seguro de que, en la medida en que te tranquilices y te entregues al proceso, el dolor irá desapareciendo. No te sientas culpable de nada. Si hay algo que te atormente, simplemente perdónate. La culpabilidad solo es autocomplacencia, una forma de tener razón. No sirve de nada sentirse culpable. Todos cometemos errores, eso es precisamente lo que nos hace humanos. No somos un cuerpo ni una mente. Somos conciencia que se está experimentando en un lugar y en unas circunstancias.

El héroe le recuerda una frase que leyó en *La desaparición del universo*[9], un libro magnífico de Gary Renard: «El cuerpo, el universo y todo lo que contiene solo son imágenes en tu mente, partes de un juego de realidad virtual». En la misma obra habla de Georg Groddeck, quien afirmaba que los cerebros y los cuerpos son fabricados por la mente, por una fuerza que él llamaba el ello. Se adelantó a su tiempo un par de siglos.

—Mira —le dice el héroe a su amigo—, hoy en día la ciencia más vanguardista afirma que la conciencia no puede surgir de la materia. Es lo mismo que decir que la mente no puede salir del cuerpo. En su libro *Biocentrismo,* Robert Lanza demuestra que la Conciencia fue lo primero y no al revés, como hasta ahora se ha creído.

—Veo a mi hijo pequeño, y sé que no lo voy a ver crecer. Esto me causa mucho dolor, ¿sabes?

—Lo sé. Yo también tengo un hijo y una de mis mayores satisfacciones es verlo crecer. Cuando realmente sufro es al verlo enfermo. Pienso: «Me cambaría ahora mismo por

9 *La desaparición del universo,* Gary R. Renard, Editorial El Grano de Mostaza, Barcelona, 2010.

él». Ya sé que es de poco consuelo lo que te digo, pero siempre pienso que los padres tenemos que irnos antes que los hijos. Estoy seguro de que tu información, tu experiencia en la vida y sobre todo tu experiencia en este trance se van a quedar en el inconsciente de tu hijo. De esto estoy seguro. Nada se puede perder en el universo, y menos la información de padres a hijos. Todos dejamos huella en este mundo, la pregunta que deberíamos hacernos es qué huella dejamos, qué legado.

El héroe estuvo muy enfermo y tiene experiencia propia. Recuerda su desapego, su paz interior. Fue como rendirse. En aquel momento su hijo era muy pequeño, y cuando lo miraba le daba las gracias por haberlo elegido como padre. Confiaba con toda su alma en que la Vida iba a cuidarlos a todos.

El héroe está con su amigo hasta su penúltimo suspiro, el último se lo deja compartir con su mujer. Su amigo le pide que se acerque y le susurra: «Gracias, amigo mío. Tenías razón: aquí mismo, al pie de mi cama, hay dos figuras con semblantes sonrientes que me han dicho que debo partir, que esté tranquilo, que todo está bien, que todo se me explicará. Gracias, ahora sé que la muerte no existe, que todo es una ilusión».

****

—Hola, querido amigo —Esta vez se le presentan dos hombres de negro—. *La muerte no existe, lo que existe es la creencia en ella.* Hemos seguido este proceso que has vivido con tu amigo. Has estado en tu lugar y tu acompañamiento ha sido óptimo.

—Gracias. La verdad es que he compartido mi experiencia.

—Estamos aquí para traerte un encargo de tu amigo. Pide que les digas a su madre y a su esposa que está bien. Ha intentado ponerse en contacto durante el sueño, pero el dolor de ellas es tan fuerte que no ha podido acceder. También te da las gracias, aunque, con una amplia sonrisa, ha agregado: «No creo que a él le importe mucho».

—Quisiera compartir algunas reflexiones con vosotros.

—Adelante, para eso estamos aquí.

—Veo que sois dos. Será que con uno no basta, je, je, je.

Los tres sonríen.

—El sentido del humor es una gran cualidad de los seres que ya están despertando. Bromear sobre el sufrimiento es una magnífica forma de trascenderlo.

—Entiendo que estamos aquí para experimentar algo no real y así descubrir lo que es verdaderamente real. Lo que me turba es que se tenga que sufrir y pasar por enfermedades horribles para irse de este mundo.

—Como puedes imaginar, esto no nos gusta. No sé si te tranquilizará saber que la experiencia de muerte está sujeta a la conciencia de cada uno, pero es así.

—¿Debo entender que es una elección?

—Una elección inconsciente. En la medida en que uno viva la separación, el dolor y el sufrimiento siempre estarán presentes. ¿Te has dado cuenta de que en los últimos días a tu amigo no le dolía nada y los médicos no comprendían que no les pidiera calmantes? Muchas personas se van de este mundo drogadas con fármacos para evitar los dolores. Y está bien. Pero con tu amigo no ha sido necesario. La razón es muy simple. Estaba en paz. No había lucha, no había resistencia. Muchas veces, el dolor y el sufrimiento, durante el trance de la muerte, se relaciona con el miedo a morir y el apego a este mundo. Habría que enseñar a morir, enseñar a dar este paso definitivo.

»Muchas personas no se lamentan de la muerte, sino de cómo han vivido. Se arrepienten, temen ser castigadas por algún dios infernal de corazón duro. No se les ha enseñado que el amor no tiene la capacidad de juzgar y que el peor juicio es siempre el que hacemos de nosotros mismos. Ya has visto que, cuando te desprendes del cuerpo, la conciencia te lleva allí donde está su resonancia. El mundo tiene que comprender que no puede suceder nada que de alguna forma no se haya pedido.

—Pero la gente no es consciente del poder que ejercen los pensamientos y las creencias.

—¿Qué te parece si recordamos lo que dice el *Curso?*

»"Es difícil reconocer la oleada de poder que resulta de la combinación de pensamiento y creencia, la cual puede literalmente mover montañas" (T-2.VI.9:8).

»"Una de las ilusiones de las que adoleces es la creencia de que los juicios que emites no tienen ningún efecto" (T-3.VI.2:7).

»"La afirmación 'Dios creó al hombre a imagen y semejanza propia' necesita ser reinterpretada. 'Imagen' puede entenderse como 'pensamiento', y 'semejanza' como de una calidad semejante" (T-3.V.7:1-2).

»Todos sois creadores, el problema reside en que no sois conscientes de ello. Utilizáis vuestro poder de cualquier manera. No estáis alerta a vuestros pensamientos y palabras. Todo ello crea vuestra realidad, y luego os preguntáis por qué os ocurren ciertas cosas.

»Otra causa de tanto desasosiego, dolor y sufrimiento es el *apego*. Este se sustenta en la fe en la carencia y en la falta de autoconfianza, que os llevan a dejar de ser vosotros mismos para incorporar otra forma de ser, otra identidad, en la creencia de que así el otro estará contento y no os dejará. Vuestra necesidad crea más de lo mismo en vuestras vidas. En el universo solamente existe abundancia, tanto en lo negativo como en lo positivo. El Campo de la Consciencia siempre da. La pregunta que debes hacerte es cómo pides. La petición está en relación directa con las emociones y los sentimientos.

—¿Cuál es el gran secreto?

—El control, este es el gran secreto.

—O sea, aprender a controlar.

—No, eso es imposible. La creencia en el control crea desórdenes mentales y paranoias.

—¿Entonces?

—Hay que rendirse, aceptar, lo que no significa resignarse. La aceptación es sabiduría, la resignación es dolor y sufrimiento. La aceptación es acción, movimiento; la resignación es apatía, parálisis.

—¿La enfermedad es natural?

—En vuestro estado mental, absolutamente sí. Fíjate hasta qué punto lo tenéis integrado que lo expresáis en palabras y os parece tan normal: «Esto no hay quien lo digiera», «me están comiendo el hígado», «no hay quien lo soporte», «me quieren hacer tragar ruedas de molinos», «me estoy comiendo un marrón», «me han apuñalado por la espalda». En la película que has visto esta noche has oído una frase que lo explica todo: «No me hables de este asunto, que me explotará el páncreas». Tú mismo te has quedado sorprendido, ¿verdad?

—Pues sí, esta frase tan categórica me ha chocado. Es como si se supiera que ciertas emociones o problemas están relacionados. En el contexto en el que se usa la frase en la película, es evidente la relación entre el páncreas y el impacto emocional que recibe el personaje. Hablaba de dinero y de que lo habían timado.

—Voy a decir algo que va a molestar mucho: la enfermedad está intrínsecamente relacionada con los impactos emocionales. Por eso es tan importante la enseñanza de la gestión emocional y el desarrollo de la inteligencia emocional.

—Pero, ¿qué me dices de la genética?

—La genética es información. Pero es más importante la epigenética, el ambiente donde uno se desarrolla. Esta actualiza la información en relación directa con el estado de conciencia de cada individuo. Nunca olvides que es la mente la que necesita curación. El cuerpo se puede tratar, pero la efectividad del tratamiento depende del grado en que la persona trascienda sus conflictos e integre la información recibida de sus ancestros. Veamos una reflexión de *UCDM* sobre este tema: «La enfermedad es una forma de búsqueda externa. La salud es paz interior» (T-2.I.5:10-11).

—¿Me la puedes explicar, por favor?

—Por supuesto. La enfermedad parte de un estado mental que se llama «mente errónea», una mente que se siente separada. Esto la hace proyectarse constantemente. Una de sus proyecciones consiste en buscar la solución a sus presuntas carencias en lo que está afuera. La separación implica automáticamente carencia, y esta produce un estado mental de estrés, de necesidad y, por consiguiente, de miedo.

»“Vuestras creencias convergen en el cuerpo, al que el ego ha escogido como su hogar y tú consideras que es el tuyo”

(T-23.I.3:3). Creo que esta frase tan contundente requiere pocas explicaciones. El gran problema, la verdadera dificultad para sanar, no consiste en curar el cuerpo, sino en ser capaz de cambiar las creencias o simplemente quitarles la fuerza de verdad que se les da. Las creencias son el gran bloqueo para la curación de la mente y el cuerpo. Estamos en un sueño, y estás aprendiendo que el soñador del sueño eres tú. *UCDM* lo dice muy claramente en su lección "La curación del sueño". Presta atención a estas frases:

»"Cada vez que sufres ves en ello la prueba de que tu hermano es culpable por haberte atacado" (T-27.I.2:2).

»"Siempre que consientes sufrir, sentir privación, ser tratado injustamente o tener cualquier tipo de necesidad, no haces sino acusar a tu hermano de haber atacado al Hijo de Dios" (T-27.I.3:1).

»"Tu sufrimiento y tus enfermedades no reflejan otra cosa que la culpabilidad de tu hermano" (T-27.I.4:3).

»"La enfermedad no es sino una 'leve' forma de muerte; una forma de venganza que todavía no es total" (T-27.I.4:8).

»"Los enfermos siguen siendo acusadores. No pueden perdonar a sus hermanos, ni perdonarse a sí mismos" (T-27.II.3:4-5).

»Me imagino que te ha quedado claro que el sufrimiento, el dolor y el sacrificio no son Voluntad de la Divinidad. Son la voluntad del Hijo de Dios que no se rinde a la Voluntad. No olvides que la Gran Voluntad permite que cada conciencia haga su voluntad. Pero estas no hacen Su Voluntad.

—Ahora entiendo la urgencia de despertar.

—Mira, querido héroe, no hay milagros, mejor dicho, solamente hay uno: «El milagro establece que estás teniendo un sueño y que su contenido no es real» (T-28.II.7:1).

No hay otra opción, hay que despertar del sueño. Esto no quiere decir que dejes de soñar, pero ahora tendrás la oportunidad de vivir sueños felices.

—Entonces para desapegarte del mundo tienes que verlo como una oportunidad. De alguna forma, hay que morir. ¿Es así?

—Se le llama *muerte simbólica,* pues solamente existe una muerte; eso ya te lo explicaré más adelante. Primero veamos la muerte simbólica, que por supuesto no es real. La Vida nos muestra infinitas maneras de morir y empezar de nuevo. Por ejemplo, morir en una relación y comenzar otra. Muchas plantas mueren aparentemente durante una estación y renacen en la siguiente. Si un árbol temiera soltar las hojas, no podría florecer en todo su esplendor cada primavera. Necesita ese momento de reposo, ese momento de «muerte», para renacer.

»Veamos diferentes aspectos de la muerte simbólica:

La muerte simbólica en las relaciones auténticas

»Muchas veces vemos a la persona no como lo que es, sino como lo que ha sido. Esto nos impide apreciar su verdadera naturaleza. Cuando hacemos el ejercicio de ver desde el instante presente, no desde el pasado, podemos ver su renacimiento, que es el nuestro.

La muerte como catarsis

»Vivimos una vida condicionada por nuestra identidad. Esto engloba nuestra familia, nuestras creencias, nuestro trabajo e incluso nuestras aficiones. Cuando el personaje que hemos creado nos causa sufrimiento, estamos tan apegados que, por no soltarlo, nos empequeñecemos hasta desaparecer. Es importante contemplar la posibilidad de empezar de cero en cualquier momento. Nadie más que nosotros nos impide reiniciarnos, empezar a ser otra persona en el mismo cuerpo. Se trata de elegir entre estar muerto en vida o morir para empezar a vivir; es una decisión que tan solo puede tomar cada uno con respecto a sí mismo.

La muerte simbólica en la mitología

»Joseph Campbell descubrió que la muerte se encuentra prácticamente en todos los grandes mitos de las principales culturas. Griegos, zulúes, esquimales, irlandeses, alemanes, egipcios, romanos, incluso todas las tradiciones cristianas... todos tienen en común que sus héroes más importantes mueren en un momento determinado de su camino. No es casualidad que todos ellos corran una suerte parecida, lo que estos mitos intentan transmitir es precisamente que la muerte simbólica es un elemento indispensable en el camino del héroe.

—¿Todo esto que me dices significa que yo también tengo que morir?

—Por supuesto. Pero no olvides que la muerte no existe. Tienes que morir a una identidad, a una manera de ver y entender la vida. Cada cambio de percepción, cada salto de conciencia se realiza porque se muere simbólicamente.

»La muerte siempre implica renacimiento, crecimiento, despertar. No hay nada más triste en vuestro mundo que morir sin haber vivido. Es de lo único que al final te arrepentirás. Por eso se te dan tantas oportunidades para que puedas *elegir de nuevo*.

—Me decías que solamente existe una muerte. Aclaralo, por favor, pues creo que te estoy entendiendo muy bien, pero me muero —je, je, je— por saber cuál es.

—Hay una poesía de alguien que fue tu maestro en otra vida. Se llama Rumí —también conocido como Mevlana—. Un gran poeta y místico persa que nació en lo que ahora es Afganistán, en el año 1207 d. C.:

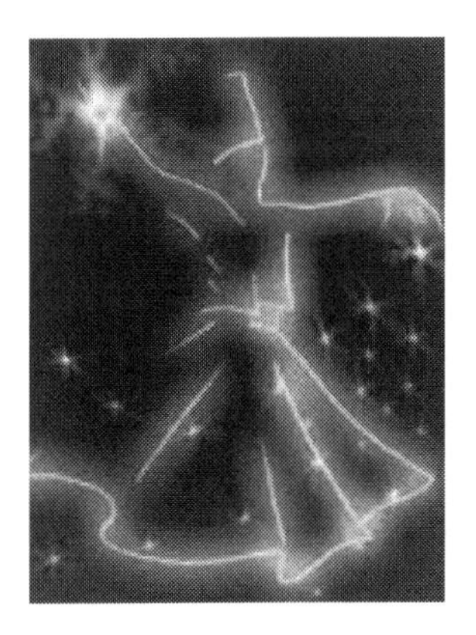

¿Qué puedo hacer, oh musulmanes?,
pues no me reconozco a mí mismo.
No soy hindú, budista, sufí ni zen.
No soy cristiano, ni judío,
ni parsi ni musulmán.

No pertenezco a ninguna religión
o sistema cultural.
No soy del este, ni del oeste,
ni de la tierra ni del mar.

No soy de la mina de la naturaleza
ni de los cielos giratorios.

No soy de la tierra, ni del agua,
ni del aire ni del fuego.

No soy del empíreo, ni del polvo,
ni de la existencia ni de la entidad.

No soy de este mundo, ni del próximo,
ni del Paraíso ni del Infierno.

Mi lugar es el sin lugar,
mi señal es la sin señal.
No tengo cuerpo ni alma,
pues pertenezco al alma del Amado.

He desechado la dualidad,
he visto que los dos mundos son uno;
uno busco, uno conozco, uno veo, uno llamo.
Y ese Uno llama y sabe,
Primero, Último, Externo, Interno.

»Con esta poesía rendimos homenaje a este maestro y estimulamos las enseñanzas que ya anidan en tu inconsciente. Por eso viviste aquella experiencia tan reveladora en Konya, Turquía.

—¡Vaya, por Dios! Entonces...

—*UCDM* lo deja muy claro: «Cuando tu cuerpo, tu mente y tu ego desaparezcan sabrás que eres eterno».

—Entonces, a medida que te desapegas del mundo y relativizas sus valores, a medida que comprendes que en realidad estás como hipnotizado por las creencias inculcadas desde tiempos inmemoriales... vas muriendo.

—Veo que lo has comprendido. Así es. Para despertar, tienes que morir a la creencia de que tu sueño es real, renunciar a ser el *efecto* y responsabilizarte de ti como *causa*. Por ello todas las muertes son simbólicas, salvo la definitiva, a la que el maestro Rumí definió como «morir para vivir en el Amado».

—¿Y mientras tanto?

—Vive, convierte tus sueños de sufrimiento en sueños felices. Vive el perdón como consecuencia de un estado de comprensión que te aleje de la dualidad y de la culpabilidad. Conviértete en un sanador de mentes, como dice el *Curso:* «Te conviertes en un salvador». Me despido con esta frase del *Curso:* «Pues no reaccionarías en absoluto ante las figuras de un sueño si supieses que eres tú el que lo está soñando» (T-27.VIII.10:5).

13

LA COMPRENSIÓN

«Todo aquel que ame no tendrá religión».

Rumí

En su casa, sentado en su sillón, el héroe lee el libro de Gary Renard *La desaparición del universo:* «La tragedia sin sentido de la dualidad es considerada normal por todas las sociedades modernas, que están locas de atar» (p. 53).

Piensa: «Realmente vivir pensando que te puede ocurrir cualquier cosa en contra de tu voluntad, o sea, sin que la puedas controlar, es horrible. No me extraña que la gente tenga tanto miedo y que caiga en la paranoia del control».

Sigue leyendo: «La siguiente actitud de aprendizaje por la que pasarás durante tu regreso a Dios suele denominarse *semidualidad*. La mente ya ha empezado a aceptar ciertas ideas verdaderas, como que a Dios no hay que temerle. Hoy en día hay muchos científicos cuánticos que nos dicen que la dualidad es un mito. Entonces, si la dualidad es un mito, no hay universo. Sin observador, sin conciencia para verlo, el universo no existe. Para fabricar la ilusión de la existencia, tienes que tomar la unicidad y dividirla aparentemente, y eso es lo que hemos hecho. Todo es un truco» (p. 55).

Nuestro héroe recuerda que el otro día un amigo le hizo unos trucos de magia y, aunque se devanó los sesos, no pudo entender que lo que veía no era real, aun sabiendo que era un truco. Su amigo se lo decía: «Todo es manipulación de la mente». La mente se lo puede creer todo. De hecho, el mundo funciona así: se dicen y se hacen ver cosas para manipular a las masas.

Piensa: «El mundo debe ser esto, seguro: una manipulación para inculcar en nuestras mentes una forma de ver y de interpretar lo que se ve. Y algo aún más grave: *vemos lo que hay allí porque queremos verlo*. ¡Uf!, esto es tremendo. ¡Hasta qué punto estamos dormidos! Yo mismo, que parece que estoy despertando, todavía no alcanzo a comprender.

»Ahora mismo, mientras escribo, veo todos mis libros a mi alrededor. Son tan reales: los toco, los puedo leer. Pero en el fondo sé que, si están aquí, es por mí y que lo que dicen ya está en mi mente, porque si no, no estarían aquí. Lo que llamo mi realidad en verdad es mi estado de conciencia. No puedo estar rodeado por cosas que no sean yo mismo.

»La pregunta es: si todo es un sueño, ¿cómo todo el mundo ve lo mismo? Vemos los mismos edificios, los mismos paisajes... La verdad es que todos tenemos nuestras experiencias individuales, pero a la vez estas son las mismas más o menos para todos. Compartimos un sueño porque todos vibramos igual. Entonces quizás el proceso sea al revés. No veo lo que hay, sino lo que proyecto. Mi realidad no ocurre ahora mismo, sino que es la expresión de algo que el Campo Cuántico ya sabe que va a suceder antes de que yo tome la decisión. Esto quiere decir que no estoy viviendo el presente, sino el pasado, aunque este, en términos de tiempo, sea unos segundos o milisegundos. No hay estado creativo de la mente simplemente porque estoy dormido. Es la mente la que se expresa a través de mi cerebro porque mi conciencia se ha rendido a ella. Mi conciencia, que es la fuente de mi creatividad, es prisionera de mi mente y esta utiliza mi *poder* para fabricar una realidad determinada.

»La película *Matrix* lo explica bien: la mente fabrica el mundo, pero no tiene el poder; este emana de la conciencia individual. Parece increíble. No me extraña nada que la gente no se lo llegue a creer».

Recuerda un documental que ha visto recientemente sobre las divisas. Le permitió comprender que vivimos engañados, pues se está fabricando papel moneda en grandes cantidades sin el respaldo del oro. El papel moneda es una mentira. Pero, como todos creemos que tiene valor, se lo damos, aunque la verdad es que es falso. Todo es un truco. (Si te interesa este tema, consulta en www.oroplata.com).

Los bancos centrales controlan la inflación y la deflación mediante la emisión de papel moneda. Así consiguen arrebatarnos nuestro ahorros, porque cada día valen menos. Un atraco, un truco, y todos seguimos encantados sin entender nada de nada.

Piensa: «Sobran las pruebas de que todo es mentira».

Sigue indagando, y da con un artículo que demuestra y fundamenta lo que piensa.

«Ciertamente, cuando cambias tus pensamientos, cambia tu realidad. Je, je, je».

El origen del universo es la mente

La historia de la ciencia, instaurada de forma universal, ha visto que ideas previamente rechazadas han acabado formando parte de su amplio repertorio. En la ciencia, la aceptación de nuevas ideas sigue unos pasos bien definidos: 1) los reticentes proclaman que el nuevo planteamiento vulnera las leyes de la ciencia, 2) las posibles evidencias que se presentan se califican de frágiles, 3) la nueva idea propuesta se revela como importante y con efectos más relevantes que los inicialmente imaginados y 4) solo unos pocos recuerdan que fue puesta en duda.

El doctor Richard Conn Henry es profesor del Departamento de Física de la Johns Hopkins University de Baltimore, donde imparte clases de física y astronomía. Ha sido director adjunto de la División de Astrofísica de la NASA y es director del Maryland Space Grant Consortium, cuya misión es, bajo el auspicio de la NASA, desarrollar proyectos de investigación, educación y servicio público en colaboración con universidades y otras instituciones académicas.

Entre sus numerosos artículos, destacamos «The Mental Universe», publicado en 2005 en la revista *Nature.* El texto empieza recordando el logro de Galileo Galilei al conseguir que la ciencia pudiera «creer lo increíble». Dice que «el descubrimiento de la mecánica cuántica en 1925 resolvió el problema de la naturaleza del universo» y otra vez la ciencia se encontró frente al reto de creer lo increíble. Sin embargo, «la más reciente revolución de la física de los últimos ochenta años no ha transformado el conocimiento general del público de manera similar».

Henry señala que «han existido varios intentos serios de conservar un mundo material, pero no han producido una nueva física y solo sirven para preservar una ilusión». Es decir que, a pesar de lo que ya se sabe, se sigue afirmando que el observador es uno y que hay que ver las cosas a través de su filtro. Richard Conn Henry hace una clara analogía con el cuento de Andersen «El traje nuevo del emperador», que pone en duda lo que todos consideran verdad incontestable.

Recuerda que hace ya muchos años que la mecánica cuántica nos ha revelado nuestra verdadera naturaleza. Cita a James Hopwood Jeans, físico, astrónomo y matemático británico, que en 1930 dijo: «El caudal de conocimiento se dirige hacia una realidad no mecánica; el universo comienza a parecerse más a un gran pensamiento que a una gran máquina. La mente ya no es un intruso accidental en el reino de la materia. Más bien deberíamos recibirla como la creadora y regente del mundo de la materia».

Asume que «los físicos evitan la verdad porque la verdad es ajena a la física cotidiana» e insiste en que «el mundo es mecánico-cuántico y debemos aprender a percibirlo como tal». Además, «una ventaja de corregir la percepción de la humanidad sobre el mundo es la alegría resultante de descubrir la naturaleza mental» y de aceptar que «no existe nada sino las observaciones», lo que convierte la física en algo muy simple.

Nos anima a «hacer un Galileo» y termina con esta contundente afirmación: «El universo es inmaterial, mental y espiritual. Vive y disfruta» (http://henry.pha.jhu.edu/The.mental.universe.pdf).

El héroe reflexiona: «Entonces el universo existe porque previamente hay una Consciencia que quiere observar su creación. Sin Consciencia no hay conciencia: sin observador no hay nada para lo que tenga sentido existir. La mera observación manifiesta lo observado; ambos están intrínsecamente unidos.

»El problema está en que esta mente se ha sentido separada y ha creado una identidad —el ego— que tiene vida propia, la nuestra. Se alimenta de nuestro poder, nos hace vivir en la ilusión de estar separados y de ser cuerpos.

»Es interesante esta expresión "hacer un Galileo", aunque me parece más interesante lo que quiere decir: hacer creíble lo increíble. Ahora comprendo lo que me ocurre, lo que experimento. La Vida me invita, nos invita, a hacer un Galileo. La Comprensión que anhelo estriba, entonces, en tomar conciencia de que nada de lo que me ocurre es por casualidad ni por causalidad, sino por sincronía. Esta sincronía es una manifestación de la información que vibra en mi psique y que se expresa en mi vida. Soy la causa de lo que me ocurre.

Lee en UCDM: «El secreto de la salvación no es sino este: que eres tú el que se está haciendo todo esto a sí mismo» (T-27.VIII.10:1).

Sigue leyendo el Curso, ese gran maestro que la Vida ha llevado a su mente. Él ya dudaba de la veracidad de lo que la mente le mostraba. No creía que el mundo y las cosas que ocurren tuvieran un sentido espiritual. La auténtica espiritualidad deshace el mundo, no lo conforma. La espiritualidad es un deshacer, un desaprender para poder recordar quiénes somos.

»"Un sueño es como una memoria, en el sentido de que te presenta las imágenes que quieres que se te muestren" (T-28.II.4:5).

»"El soñador de un sueño no está despierto ni sabe que duerme. En sus sueños tiene fantasías de estar enfermo o sano, deprimido o feliz, pero sin una causa estable con efectos garantizados" (T-28.II.6:7-8).

»"Lo que mantenía vivo al miedo era que él no veía que él mismo era el autor del sueño y no una de sus figuras" (T-28.II.7:4).

Ahora sabe que la plena comprensión se alcanza cuando uno toma conciencia de que las relaciones que vive y las experiencias que conllevan están en resonancia con uno mismo y con los que están con uno. Cuando uno libera a los personajes que están en el sueño, se libera a sí mismo.

Piensa: «La clave es: ¿Dónde y a qué prestas atención en tu vida? Si percibes ataque, lo haces real en tu vida, y lo mismo si percibes sufrimiento. ¡Qué importante es mantenerse alerta y utilizar sabiamente el poder de la mente, que se manifiesta cuando la conciencia está perfectamente alineada con la Consciencia!».

Nuestro héroe lee unas reflexiones del libro *El arte de desaprender*[10] que le llevan a un estado meditativo profundo. Saber que el mundo es un sueño, que es una ilusión, sirve de muy poco o de nada. «Lo importante es conocer el propósito del sueño y cómo reinterpretar las imágenes que ves. La enseñanza general de que el mundo es una ilusión tiene un valor muy limitado».

Se da cuenta de que aquí está la cuestión. Las personas bien intencionadas y con ganas de tomar conciencia comprenden que esto debe ser así. El problema es que la inercia del mundo arrastra y subyuga la mente. Para conseguir la comprensión que libere la Conciencia, es necesario conocer el propósito de todo esto.

****

El héroe vive una nueva experiencia transpersonal con un hombre de negro.

10 *El arte de desaprender,* Enric Cobera, Editorial El Grano de Mostaza, Barcelona, 2015.

—Debes saber que el propósito del sueño es vivir tu grandeza. La grandeza de Dios. No hay que confundir la grandiosidad, que es cosa del ego, con la grandeza de lo que cada uno es en realidad.

—Hola, gracias por estar aquí y comentar mis reflexiones. Llevo días dándoles vueltas y me están provocando cierta agitación. Siento en lo más profundo de mi corazón que la vida que vivimos no es real, que tiene que haber otra manera de vivir la experiencia que llamamos vida.

—Tus experiencias siempre son interpretables. Aquí reside la Comprensión de que lo que percibes no es real. Una forma de tomar conciencia es precisamente poner en práctica esto: cuestionar y poner en duda cualquier creencia, cualquier valor de este mundo. Todo es una ilusión, un sueño, no puede ser real porque de lo contrario el Creador, la Consciencia Universal, sería cruel. Te recuerdo que Albert Einstein dijo que la experiencia del hombre es una ilusión óptica de su conciencia.

—Sí, lo sé. Y me asombra el poco caso que se le hizo. Al menos es lo que creo y percibo. Bueno, quizás las mentes que lo escucharon no entendieron nada. Todo es posible.

—El propósito de estar en este mundo es llegar a esta comprensión: «No sé lo que soy, por lo tanto no sé lo que estoy haciendo, dónde me encuentro ni cómo considerar el mundo o a mí mismo». Para tener conciencia tienes que sentirte separado. Nunca te puedes perder, porque la mecánica cuántica explica el principio de la holografía. Como todo es holográfico, cada parte contiene al Todo y este contiene todas las partes. Dicho de otra manera, Todo está en todos. Cuando sientes y vives esta frase, ya no tienes que hacer absolutamente nada. Todo vendrá a ti y tú podrás elegir en cada momento quién quieres ser, qué papel representar. Ya no creerás ser el papel que representas. Una analogía de esto es la del actor que representa un papel y al final se acaba identificando con él y vive como si fuera su personaje de ficción. Pues esto mismo es lo que os pasa a cada uno de vosotros en este mundo. Os identificáis con un papel y creéis que sois aquello que solamente está en vuestra mente, soportado y alimentado por creencias y programas incorporados en vuestra psique a lo largo de los siglos.

—¿Cómo se deshace todo esto?

—Con el perdón. Eso ya lo sabes. El perdón es lo único que hay que aplicar al sueño. La razón es muy simple: el mundo, el universo, es como una pantalla que has puesto para esconderte de Dios. ¿Te acuerdas de Caín y Abel? Caín quería esconderse. Pero, para la Divinidad, nada está oculto. Esta pantalla, como te decía, está hecha de una sustancia mental llamada culpabilidad. La culpabilidad es tan inconsciente, se halla tan oculta en tu psique, que para deshacerte de ella tienes que proyectarla. Al hacerlo, se retroalimenta y se vuelve más real en tu vida. El perdón, el auténtico perdón, es el que comprende que nadie es culpable. Esta es la idea que nos permite liberarnos del sueño.

—Esto implica un gran sacrificio.

—El sacrificio se deriva de creer que tú no eres la causa de lo que te ocurre. Cuando comprendes que tú y solamente tú eres la causa, entonces ya no proyectas y empiezas a indagar para qué estás haciendo lo que haces. Pide ayuda al Espíritu Santo. No indagues sin ayuda de Aquel que sabe qué es lo mejor para ti y cuáles son las circunstancias que tienes que vivir para tomar conciencia gracias a la comprensión que vas adquiriendo.

»Cuando perdonas una situación cualquiera, cambias sus efectos sobre ti. El perdón te libera de eventos que ya nunca te ocurrirán. Fíjate lo importante y trascendental que es aplicar el perdón a tu vida. Perdona cualquier cosa que te ofenda, sea un resfriado, un pequeño accidente casero, un agravio... ¡Lo que sea!

»La comprensión parece ser un estado mental que favorece a los demás. Pero en realidad es un acto de amor hacia ti mismo. Los demás te sirven de espejo. Recuerda que no hay dos. Cuanto más practiques la mente no dual, antes te liberarás de la experiencia de separación y todo cambiará en tu vida. No intentes comprender todo esto, pues forma parte del Conocimiento que está más allá del mundo dual. Vivir en la esfera del Conocimiento te sacaría inmediatamente de la esfera de realidad en la que vives en este momento.

—Háblame de las religiones.

—La esencia de las religiones, su génesis, es la misma prácticamente en todas. ¿No te parece raro? Son un recuerdo ancestral para que no olvidemos nuestra esencia: que somos divinos. Analiza la siguiente información; si quieres, la puedes comprobar:

Comparación entre el Libro del Génesis y las tradiciones de otras culturas

Génesis: «En el principio Dios creó los cielos y la tierra. Y la tierra estaba desordenada y vacía, y las tinieblas estaban sobre la faz del abismo».

El canto del mundo (leyenda de los indios primas de Arizona): «En el comienzo había solo oscuridad en todas partes, oscuridad y agua. Y la oscuridad se espesó en lugares, reuniéndose y separándose, reuniéndose y separándose...».

Génesis: «Y el espíritu de Dios se movía sobre la faz de las aguas. Y dijo Dios: "Hágase la luz", y la luz se hizo».

Upanishads hindúes (siglo VIII): «En el comienzo, había solo la gran conciencia reflejada en la forma de una persona. En el reflejo no encontró nada más que a sí misma. Entonces sus primeras palabras fueron: "Esto soy"».

Génesis: «Y Dios creó al hombre a su imagen, a imagen de Dios lo creó. Varón y hembra los creó. Y los bendijo Dios, y dijo Dios: "Creced y multiplicaos"».

Leyenda de los basaris (África Occidental): «Unumbotte hizo un ser humano. Su nombre era Hombre. Unumbotte hizo una serpiente, llamada Serpiente... Y Unumbotte les dijo: "La tierra todavía no ha sido apisonada. Debéis apisonarla hasta que quede bien lisa allí donde os sentáis". Unumbotte les dio semillas de toda clase, y les dijo: "Plantad esto"».

Génesis: «Y fueron acabados los cielos y la tierra y todo su ornamento. Y acabó Dios en el día séptimo la obra que hizo, y reposó ese día de toda la obra que había hecho».

Indios pimas: «Hice el mundo, y he aquí que el mundo está acabado. Así es que hice el mundo, y acabado está el mundo».

Génesis: «Y vio Dios todo lo que había hecho y he aquí que era bueno en gran manera».

Upanishads: «Entonces advirtió: "Yo, en realidad, yo soy esta creación, pues yo la hice brotar de mí mismo". De ese modo él se volvió la creación. Verdaderamente, el que sabe esto se vuelve en esta creación un creador».

Génesis: «¿Has comido del árbol del que yo te prohibí que comieses?". Y el hombre respondió: "La mujer que me diste por compañera me dio fruta del árbol, y yo comí". Entonces Dios dijo a la mujer: "¿Qué es lo que has hecho?". Y dijo la mujer: "La serpiente me engaño y comí"».

Leyenda basari: «Un día Serpiente dijo: "Nosotros también deberíamos comer de estos frutos. ¿Por qué pasar hambre?". Antílope dijo: "Pero no sabemos nada sobre este finito". El hombre y su esposa tomaron el fruto y lo comieron. Unumbotte bajó del cielo y preguntó: "¿Quién ha comido el fruto?". Respondieron: "Nosotros". Unumbotte preguntó: "¿Quién os ha dicho que podíais comer de ese fruto?". Respondieron: "Serpiente"».

—Las religiones son las cortinas que habéis puesto gracias al ego. Una artimaña de este para que viváis la separación. Las religiones os alejan de Dios, os hacen sentir separados de Dios por medio de la culpabilidad. Fíjate hasta qué punto el ego os domina que algunos creen que decir que sois Hijos de Dios es un sacrilegio, un gran pecado. No pueden pensar en un Dios amoroso. Su dios es iracundo, le cuesta perdonar y hay que hacer grandes sacrificios para conseguir su perdón y ser digno de recibir sus gracias.

—Así es. Viví durante muchos años con miedo a Dios. Hasta que un día le dije: «Si tú eres Dios, no quiero saber nada más de ti». Vamos, que lo envié a freír espárragos, je, je, je.

—Fue el primer paso en tu camino hacia el despertar. El gran paso para convertirte en un héroe. Hay que ser muy valiente para deshacerse de creencias tan fuertemente arraigas en la psique. Tú lo elegiste. Recuerda que todos son llamados y son pocos los que eligen escuchar.

—Sí, es verdad. Recuerdo que desde ese momento empecé a tener estas experiencias transpersonales. Claro, al cambiar mi conciencia, al cambiar mis creencias, mi universo empezó a ser otro. Empecé a vivir experiencias más en resonancia con la decisión irrevocable de no mirar atrás.

—Querido héroe, ahora ya comprendes.

—¡Qué paz, Dios mío! ¡Qué paz! Gracias.

Nuestro héroe despierta en su cama y recuerda unas magníficas frases del libro *El hombre descubriendo su alma* de Carl G. Jung, que releyó hace unos días: «Si doy de comer a los hambrientos, si perdono un insulto o si amo a mi enemigo en nombre de Cristo, se trata, sin duda alguna, de grandes virtudes. Lo que hago al más pequeño de mis hermanos se lo hago a Cristo. Pero, ¿qué haría yo si descubriese que el más pequeño de todos, el más pobre de todos los mendigos y el más execrable de todos los que me han ofendido se encuentra en mi propio interior; que soy yo quien necesita la limosna de mi amabilidad; que soy yo el enemigo que reclama mi amor?».

14

TRASCENDER

«A medida que comienzas a andar fuera del camino, el camino aparece».

Anthony de Mello

Nuestro héroe está alcanzando un nivel de comprensión que le impulsa a un cambio profundo de creencias. El mundo ya no le parece el mismo. Siguen los personajes, siguen las noticias y las luchas políticas. Todo está impregnado de ego. Parece que nadie se pone en el lugar del otro, que todo son enfrentamientos. Se da cuenta de que las creencias dominan las conciencias y las convierten en simples marionetas.

Se refugia en la lectura de las obras de David R. Hawkins, pues cree que él alcanzó la iluminación. Busca ese estado de compresión de sí mismo. Se siente en profunda soledad, en un lugar que no encaja. En el fondo de su Ser sabe perfectamente que todo está bien. Que esta *soledad* es uno de los últimos reductos del ego para sentirse separado de los demás. La última trampa. Siente la tentación de alejarse del mundanal ruido del ego, de sus infinitas expresiones que lo hacen sentir constantemente insatisfecho. Decide no ver la televisión.

«¿Para qué? —se pregunta—. Es una trampa para atraparte, para apegarte a la creencia de que el mundo es un lugar en el cual hay que temer. Una caja de miedos. Muchos le llaman la realidad. ¿Qué realidad? ¿Qué es la realidad?

»Todo es la expresión onírica de un estado de conciencia que se proyecta en la pantalla del mundo, haciéndonos creer que lo que vemos es real, sin darnos cuenta de que es solamente la proyección de nuestras creencias y valores. Luchamos y matamos en nombre de no sé qué dios, o en nombre de no sé qué creencia. El problema no es creer, el problema es convertir las creencias en dogmas que rigen y maniatan nuestras vidas. Estas son una especie de pesadillas. Las religiones nos enseñan que tenemos que ser buenos para ir al cielo o al nirvana. Dicho de otra manera, para huir del infierno. ¿No estaremos ya en él?».

La lectura de un libro de Hawkins le hace comprender que el infierno es la lucha de los opuestos, basada en la creencia de que el ganador se lo llevará todo. Por eso la lucha es eterna, pues no se comprende que los opuesto se atraen y que el uno no puede existir sobre el otro.

Como dijo Anthony de Mello, «Dios te pasa de un sentimiento a otro y te enseña por medio de los opuestos, para que tengas dos alas para volar, no una».

El héroe sigue reflexionando. Se pregunta: «¿Qué es realmente trascender?, ¿de dónde parte nuestra conciencia?». En realidad ya ha recibido las respuestas, pero estas lo siguen aturdiendo. Está entrando en lo que se llama «la noche oscura del alma».

«Todo parece indicar que, cuanto más te desapegas del mundo, más solo estás. ¿No se me ha dicho que, a medida que trasciendes niveles de conciencia, te sientes más unido a todo? Pues esto parece que va al revés».

Sigue leyendo: «Este estado también puede representar la necesidad de alcanzar la validación interna de la verdad espiritual, antes de abandonar el ego por completo. Curiosamente, esta también puede ser la ruta que tome el ateo devoto que trata de probar si es verdad que Dios no existe, y, de ser así, si puede sobrevivir a ello. La depresión espiritual severa puede representar el último asidero del ego en su lucha por sobrevivir. La ilusión básica del ego es que él es Dios, y que sin él sobrevendrá la muerte. Así, lo que se describe como "la noche oscura del alma" es en realidad la noche oscura del ego[11]».

El héroe se aleja del mundanal ruido. Decide irse solo durante unos días a un lugar recóndito donde nadie le moleste. Le pide a su mujer que lo lleve y que lo vaya a buscar después de unos días. Le pide por favor que, si la llama para que vaya a buscarlo antes, no acuda. Le dice: «Tengo que luchar contra mis demonios».

Se recluye en unos montes, en una especie de monasterio en el que solamente viven tres monjes que han hecho voto de silencio. Su habitación es pequeña, con la particularidad de que el techo está inclinado y, si uno se acerca a la ventana, de unos cuarenta por cincuenta centímetros, la cabeza lo toca. Hay un camastro con una madera por somier y un escuálido colchón, una mesita y una silla. Nada más ni nada menos. Todo lo que le rodea es sobrio. A la hora de comer, se acerca al comedor, una sala con una mesa de madera y unas sillas a su alrededor. En la pared, una pica con agua para lavar lo que se use. Una perola con comida y

11 *Trascender los niveles de conciencia,* David Hawkins, Editorial El Grano de Mostaza, Barcelona, 2016.

una bandeja con algo de verduras. Silencio y más silencio; no se oye ni una mosca.

Pasea muchas horas por los alrededores y contempla una vista hermosa desde un acantilado. Descubre una cabaña pequeñísima. Entra en ella y se da cuenta de que, si algún monje quiere estar aún más solo, puede encerrarse allí. Todo indica que estas personas quieren alejarse del mundo.

«¿Será este el camino? —se pregunta—. ¿Hay que alejarse del mundo?, ¿o quizás hay que adentrarse en él y mostrarse sin miedos ni tapujos?».

Sentado al lado de esta especie de cabaña, tomando el sol de invierno, el héroe se duerme.

—Hola, campeón. Veo que estás muy apesadumbrado y que no sabes qué camino seguir. Te voy a dar facilidades: ¡alégrate, solamente hay un camino!, je, je, je. ¿Qué esperabas? Te recuerdo que ya no hay vuelta atrás; es un viaje sin retorno, y tiene etapas. Ya sabes que el tiempo es relativo y se adapta a cada uno. Este es un camino de transición. Consiste en la práctica del desapego, pero eso no significa que tengas que alejarte de algo. Hay que estar en el mundo, pues es la mejor escuela para despertar. Sin él, no es posible hacerlo. Vivir en la dualidad ofrece la oportunidad de trascenderla.

—Sí, estaba pensando en el proceso de transformación. ¿Puedes iluminarme un poquito más?

—Por supuesto. Trascender los niveles de conciencia significa superar las diversas polaridades de la vida, comprendiendo que estas son las fuerzas que generan el movimiento de lo que llamamos vida. Una polaridad no pude existir sin la otra. Posicionarse, atacar a la otra polaridad, genera más fuerza dual y nos mantiene atrapados en una especie de noria que nunca para y cada vez gira más rápido. Para detener este movimiento se precisa quietud mental, y esta se consigue cuando se adquiere plena conciencia de que lo que tengo enfrente es una proyección. No se trata de juzgarla, sino de comprender que las polaridades se complementan. Entonces permito que se produzca una explosión de luz que hace posible trascender la dualidad y ver la solución del presunto problema.

»Cuando comprendes que la dualidad en realidad es una ilusión, todo tu mundo se desmorona. No sabes cómo ver lo que ves. Sigues presente, pero nada es igual. Quizás esperes que alguien te salga al encuentro y te felicite. Nada más lejos de la realidad, es una etapa más en el camino y tienes que elegir cómo vivirla. Todo lo que te ocurre, tus vivencias, las relaciones que terminan o empiezan, tiene que ver con este cambio de conciencia que experimentas. Esto es vivir en la trascendencia. No es resignación ni nada parecido. Es plena aceptación de que todo tiene su razón de ser y de manifestarse. En la medida en que tu conciencia deja de perseguir resultados y abandona el control, tu mundo se va alterando y tu realidad empieza a ser otra. A esto se le llama *estar en el mundo y no pertenecer a él*. Ahora tú estas en este proceso. Por eso buscas quietud e incomodidad, porque quieres estar en ti mismo y escuchar tu alma a través de tu corazón. Aquí tomarás tu decisión y desde aquí se abrirá una senda que hasta ahora no has visto.

—Es como una prueba de fe, ¿verdad?

—No, ni siquiera es una prueba. Este comentario es de una mente dual.

—¡¡Vaya, por Dios!!

—Je, je. No seas duro contigo. Es la manifestación de tu estado de conciencia. No lo puedes evitar. Lo que aparece delante de ti no es nada físico. Por eso lo ves todo oscuro, porque esperas ver «algo». Lo dice *UCDM:* «Lo que se proyecta y parece ser externo a la mente no se encuentra afuera en absoluto, sino que es un efecto de lo que está adentro y no ha abandonado su fuente» (T-26.VII.4:9).

—No entiendo nada de nada, de verdad.

—Repito: la oscuridad no es física, porque de hecho no hay nada físico. Todo es una proyección. Como no proyectas, no ves nada. Es como si vieras una película en el cine y creyeras que la realidad es lo que hay en la pantalla. Cuando tomas conciencia de que no es más que una proyección, pierdes interés y miras en la dirección adecuada, en este caso, el proyector del cine, y en el nuestro, nuestra mente que se expresa a través del cerebro.

—Entonces, ¿dónde está la película?

—No hay película, solo proyección. Tú eres la película y tú decides qué proyectar. Como no sabes qué ver ni cómo verlo, lo ves todo oscuro. Es el proceso de quitar al ego la dirección de tu vida. Por supuesto, él se resiste, y su resistencia toma la forma de desolación, desesperanza y lo que llamamos la última depresión. Tú estás en este proceso de profunda trascendencia. ¿Cómo ver el mundo? ¿Cómo vivir en él? ¿Qué debo hacer? ¿Debo retirarme? ¿Debo morir?

—Eternas preguntas, me imagino.

—En el proceso de despertar, todos pasan por ellas. Algunos hasta se suicidan.

—¡Cómo! ¡Se quitan la vida! ¡Eso no está bien!

—En estas estamos. Ya estás juzgando, ¿te das cuenta?

—Pero, pero...

—Ni pero ni nada. La vida, como alguien dijo, es sueño. No es real y cada uno puede elegir cómo vivirla. En este proceso de despertar, un alma puede decidir libremente. Nunca te olvides de esto. No estamos aquí para juzgar nada. Cada alma elige y, si un alma no puede soportar este peso, esta angustia, esta muerte simbólica, tiene todo el derecho de ralentizar su proceso. No hay marcha atrás, como ya te dije, pero el proceso de transición es individual y el Amor se adapta. Siempre se adapta porque, si no, no sería El Amor.

—Perdón.

—Haces bien en pedirlo. Es el recurso más extraordinario para avanzar en este proceso de trascender los niveles de conciencia y llegar al despertar. Recuerda que el perdón del cual te hablo está exento de culpabilidad. Es un perdón de trascendencia, la comprensión de que has lanzado una idea equivocada que puede crearte situaciones incómodas en lo que llamáis futuro. Además, te voy a recordar algo que leíste sobre el concepto de morir y de suicidarse. En su maravillo libro *Conversaciones con Dios*[12], Neal Donald Walsh deja claro que el ser humano confunde o asocia el concepto de suicidio con la velocidad. Por ejemplo, si te pegas un tiro, te suicidas. Pero, si piensas de forma negativa, si utilizas tu mente para destrozarte y destrozar a los demás con calumnias, críticas, comentarios, etc., ¿acaso no se trata de una forma de homicidio? El *Curso* lo deja muy claro cuando dice: «No se te pide que luches contra tu

---

12 *Conversaciones con Dios,* Neal Donald Walsch, Editorial Debolsillo, Barcelona, 2012.

deseo de asesinar. Pero sí se te pide que te des cuenta de que las formas que dicho deseo adopta encubren la intención del mismo. Y es eso lo que te asusta y no la forma que adopta» (T-23.IV.1:7-9).

—Por favor, sigue hablándome de cuando se ve todo oscuro.

—Cuando decides ver, resulta que no ves. Parece paradójico, pero no lo es. Te ha llegado el gran momento de decidir cómo quieres ver, y como no lo sabes, formulas la última oración: «Quiero ver». De repente, todo vuelve a ser luz. Los personajes del sueño siguen allí, pero ahora ya no son portadores de miedo ni de aparente felicidad. Por fin comprendes que *afuera no hay nada,* que cada alma que encuentras en tu camino está allí porque debe estar. Ahora ya comprendes que tu función es estar en el mundo y no juzgarlo.

—Sí, pero no acabo de entender.

—El sueño necesita ser visto, mejor dicho, ser reinterpretado. Sigues percibiendo porque, mientras continúes en el mundo del sueño, dejar de percibir es imposible. Por lo tanto, dejas tu percepción en manos de Aquel que sabe cómo tienes que mirar lo que sucede a tu alrededor. Muchos personajes del sueño están dormidos y el hecho de que tú estés en sus sueños les abre la oportunidad de despertar al verte. Es lo que han hecho los innumerables maestros que han venido a este mundo, a este sueño. No hace falta que seas un gran maestro; basta con que proyectes en el mundo esta percepción inocente, con que te conviertas en un proyector sin juicios. Es suficiente que lo desees para que seas atendido. Es un acto de amor, y el Amor siempre responde al instante cuando la conciencia está en resonancia con Él.

»Sabes que el *Curso* tiene respuestas para todo, y también para esto: "Tú no puedes despertarte a ti mismo. No obstante, puedes permitir que se te despierte. Puedes pasar por alto los sueños de tu hermano. Puedes perdonarle sus ilusiones tan perfectamente que él se convierte en el que te salva de tus sueños" (T-29.III.3:2-5). Y sigue: "A todo aquel que perdonas se le concede el poder de perdonarte a ti tus ilusiones. Mediante tu regalo de libertad te liberas tú" (T-29.III.3:12-13). "No abrigues ningún juicio ni seas consciente de ningún pensamiento, bueno o malo, que jamás haya cruzado tu mente con respecto a nadie. Ahora no lo conoces, pero eres libre de conocerlo y de conocerlo bajo una nueva luz" (T-31.I.13:1-3).

—Todo esto que me cuentas es el auténtico poder, ¿no es así?

—Se trata de empoderar a la gente, no de hacer una especie de apostolado. Nunca olvides que los que se tienen que encontrar se encontrarán. *UCDM* dice que, cuando uno elige ser un maestro de *Un curso de milagros,* no debe preocuparse de quién vendrá a él. De eso se encarga el Espíritu Santo.

—Esto va a crear dificultades en el camino. Muchos se pondrán en contra de esta manera de pensar.

—Cierto. Pero tú ya has decidido seguir este camino y no debes intentar convencer a nadie de nada. No se trata de hacer apostolado ni apología de nada. El camino se transita en silencio, en paz y hablando lo justo, con profundo respeto a las creencias de todos los que encuentras. La Verdad no está en nadie. La Verdad os sostiene a todos. Es un camino de desaprender, pues habéis aprendido muchas cosas y todas os han encerrado en identidades con candados de creencias. Si la pones en manos de Aquel que sabe cómo tratarla, la mente se convierte en un instrumento de inconmensurable poder. Deja que tu mente sea un instrumento para proyectar luz y amor. Libérala de todo juicio. Libera tu mente de tomar posiciones. Deja que sea una herramienta de percepción inocente.

Hace frío, el sol se ha puesto. El héroe ve el crepúsculo, contempla la belleza de la Vida. Se pregunta: «¿Algún día viviremos en paz, sin miedo el uno del otro?».

Han pasado los días acordados y su mujer viene a recogerlo. Ella sonríe, ella siempre sonríe. Sobre todo cuando mira a su marido y le ve con la mente en otro estado de cosas.

La sonrisa de su mujer le hace volver a la tierra. Ella le dice:

—Veo y siento que estás en paz, cariño.

—Sé que estoy en el lugar donde debo estar y que no tengo que preocuparme de nada, solo dejarme llevar y tener presente que todo es un sueño y que cada uno de nosotros pude elegir cómo vivirlo.

15

CONCIENCIA

«No eres una gota contenida en el océano. Eres todo el océano contenido en una gota».

Rumí

Hay un consenso científico sobre que la conciencia surge de la biología como un proceso adaptativo. Aparentemente, la conciencia se asentaría en el sustrato biológico del sistema nervioso y, por tanto, se trataría de un estado adquirido a lo largo de la evolución.

Pero cabe plantearse que suceda al revés: que la conciencia, para poder manifestarse, cree el sustrato biológico. Dicho de otro modo, la Consciencia es el principio de todo, no la consecuencia de algo.

Algunos científicos piensan que es así y han elaborado teorías, como Robert Lanza. Según su teoría del biocentrismo, la Vida y la Consciencia crean el mundo. Afirma la imposibilidad de que la conciencia surja de la materia y lo considera un reduccionismo materialista.

Estas son algunas de sus afirmaciones: «No hay nada en la física moderna que explique cómo un grupo de moléculas crean la conciencia dentro del cerebro». «Las leyes del universo crearon antes que nada al observador». El observador animal crea la realidad y no al revés. «Una vez que comprendemos plenamente que no hay un universo externo independiente fuera de la existencia biológica, el resto se coloca más o menos en su sitio».

También Georg Groddeck asegura que todo surge del ello. Llegó a la conclusión de que los cerebros y los cuerpos son fabricados por la mente —una fuerza a la que llama ello—, y no al revés, y lo hace para alcanzar sus propios fines.

El premio Nobel de medicina John Eccles llama *emergentismo* a la corriente que pretende que las características específicamente humanas surgen de la materia por «emergencia». Lo considera un materialismo reduccionista pseudocientífico inaceptable, pues la ciencia no proporciona ninguna base para esa doctrina.

Dice que el materialismo carece de base científica, y que los científicos que lo defienden se basan en una superstición que lleva a negar la libertad y los valores morales, pues la conducta sería el resultado de los estímulos materiales. Esta teoría niega el amor y lo reduce al instinto sexual.

Los fenómenos del mundo material son *causas necesarias pero no suficientes* para las experiencias conscientes y para mi «yo» como sujeto de tales experiencias.

Por ejemplo, la ciencia explica muchos fenómenos mediante la teoría de la gravedad; sin embargo, no sabemos qué es la gravedad en sí misma. Por su parte, el evolucionismo explica ciertos fenómenos, pero suscita profundos interrogantes que deja sin explicar.

«Un error no se convierte en verdad por el hecho de que todo el mundo crea en él», dijo Mahatma Gandhi.

Fue un error pensar que la Tierra era plana.

Fue un error creer que algo más denso que el aire no puede volar.

Fue un error pensar que la Tierra era el centro del universo.

Fue un error negar que la sangre circula por todo el cuerpo.

Fue un error pensar que solamente existe la materia.

Es un error pensar que estamos separados y que no hay nada que nos mantenga unidos.

Es un error no hacer caso de lo que Max Planck dijo al recibir el Premio Nobel: «La materia no existe como tal. Toda la material se origina y existe solo en virtud de una fuerza que hace vibrar la partícula de un átomo y mantiene este diminuto sistema solar (el átomo) unido. Debemos asumir la existencia de una mente consciente e inteligente detrás de esta fuerza. Esta mente es la matriz de toda la materia».

Es un error pensar que ciencia y espiritualidad son cosas distintas y que no pueden converger.

Es un error obviar al observador y el poder de la conciencia, que tanto molestan a algunos científicos.

Es un error pensar que el universo surgió debido a una especie de casualidad o fuerza azarosa, cuando hay claras evidencias de la existencia de una Inteligencia que se puede expresar mediante fórmulas matemáticas.

Los logros de Srinivasa Ramanujan, un matemático hindú autodidacta, han inspirado muchas investigaciones. A la pregunta del matemático de Cambridge G. H. Hardy acerca de cómo conseguía desarrollar sus maravillosas fórmulas matemáticas en tan poco tiempo, respondió que cada ecuación es un pensamiento de Dios. (Recomiendo ver la película *El hombre que conocía el infinito).*

Es un error creer que de la nada surja algo. Es un contrasentido, salvo si se entiende esta nada como un mar de posibilidades no manifestadas a la espera de una Conciencia que las materialice.

En *El ojo del yo*[13], Hawkins dice: «El poder consigue sin esfuerzo lo que la fuerza no puede lograr, pues llega adonde la fuerza no alcanza».

Uno solo está realmente sujeto a lo que sustenta en su mente.

Nuestro héroe está sumido en profundas reflexiones sobre qué es la conciencia. Lee, piensa y se da cuenta de que todos buscan «la verdad». Pero, ¿qué verdad? y ¿qué es la verdad? Se lo pregunta una y otra vez. Recuerda que un día leyó sobre un acontecimiento evangélico: un apóstol le pregunta a Jesús qué es la verdad y este guarda silencio. Pero también recuerda que algún día todo será revelado.

—Hola, querido héroe. Te veo inmerso en tus reflexiones. En verdad te digo que ya ha llegado el tiempo en que todo será revelado. La pregunta, como siempre, es: ¿quién escuchará? La libertad de conciencia es un don divino y cada conciencia se abre a otras posibilidades cuando así lo siente. Es absurdo pensar en el concepto de tiempo, cuando para la eternidad todo es ahora. Como dice el *Curso:* "Es motivo de risa".

»Hay una verdad a la que se resiste la gente: que el mundo que percibimos es fruto de nuestro sistema sensorial. Si este vibrara a otras frecuencias, veríamos otro mundo, y por lo tanto viviríamos otras experiencias. Es como la paradoja del sonido que hace un árbol al caer: ¿realmente hace ruido si no hay nadie presente para oírlo? Al caer, un árbol solo produce pulsaciones de aire silenciosas. Mucha gente responde que sí hace ruido. Estas personas no pueden

---

13 *El ojo del yo,* David R. Hawkins, Editorial El Grano de Mostaza, Barcelona, 2016.

sustraerse de estar presentes; no piensan que, para que haga ruido, tiene que haber un observador con un sistema sensorial que capte esas pequeñas vibraciones en forma de sonido.

»Hume escribió: "Parece que los seres humanos se dejan llevar por un instinto o predisposición natural que los hace depositar su fe en los sentidos y, sin razonamiento alguno, e incluso antes de utilizar la razón, suponemos siempre que existe un universo exterior que no depende de nuestra percepción, sino que existiría aunque nosotros y todas las demás criaturas estuviéramos ausentes o fuéramos aniquilados"[14]. Ya has leído que Lanza afirma que ni la electricidad ni el magnetismo tienen propiedades visuales. La llama de una vela está formada por pequeños grupos de ondas de energía electromagnética. Si estas ondas inciden en la retina del ojo y miden entre cuatrocientos y setecientos nanómetros de longitud entre cresta y cresta, el lóbulo occipital crea una imagen fluorescente a la que llamamos llama.

»¿Y cuando tocamos un objeto? ¿Acaso no es sólido? Cuando tocamos un árbol lo percibimos como sólido, pero todo es una sensación del cerebro, que proyecta una carga de electrones en la periferia del cuerpo para darle forma, y esta a su vez choca con la pared de electrones del árbol. La pregunta que debemos hacernos es *quién o qué ha creado esta especie de envoltorio autónomo que se considera independiente de todo lo que le rodea.*

—Buena pregunta, amigo. Muy buena pregunta. Vaya, pienso que esta es la gran pregunta.

---

14 *Biocentrismo,* Robert Lanza, Editorial Sirio, Málaga, 2012.

—Tranquilo, héroe. Se trata de hacer un resumen de todas tus reflexiones. Te aseguro que hay preguntas para tu mente que no crees ni que existan. Para hacerse preguntas que cambien la conciencia, hay que estar dispuesto a encontrar respuestas inesperadas y fuera del propio sistema de creencias. ¿Cuánta gente está dispuesta a esto? ¿Cuánta gente está dispuesta a renunciar a sus principios, a sus verdades?

—Pienso que no muchos están dispuestos a cuestionarse a sí mismos. Muchos permanecen toda su vida anclados en sus verdades inamovibles.

—Estás en lo cierto. Por eso la historia se repite una y otra vez. Siempre dais las mismas soluciones a los mismos problemas, y esperáis resultados diferentes.

—Mucha gente piensa que, si cambia sus creencias, reconoce que antes estaba equivocada. La resistencia a creerse en el error los hace aferrarse a su verdad.

—Has definido muy bien al ego. Has definido su máxima: percibir que todo lo que no concuerde con sus ideas es un error, lo que lo convierte en un ataque. El ego hace suya la frase tristemente famosa «o estás conmigo, o estás contra mí».

»Te voy a contar un cuento. Dos amigos se encuentran después de muchos años. Uno es astronauta y el otro neurocirujano. Después de tomarse varias cervezas y de hablar de sus aventuras y desventuras, entran en temáticas más profundas. El astronauta sugiere que Dios no existe, porque ha viajado por el universo y no lo ha visto en ningún lado. El neurocirujano le contesta: "Entonces nosotros no estamos aquí, no estamos hablando y ni siquiera nuestros pensamientos existen". "¿Por qué dices eso?", le pregunta el astronauta. El neurocirujano se rasca la barbilla y le contesta: "Me baso en tu argumentación acerca de tu experiencia sobre la existencia de Dios, pues te puedo asegurar que en ninguna de mis muchas operaciones cerebrales he encontrado jamás una idea".

—¡Qué buen cuento y qué gráfico es!

—Así es como se vive, querido héroe. Ha habido y hay grandes maestros que enseñan a cuestionarse el mundo, que todo es una percepción y que todo está en relación con el propio nivel de conciencia. Ya sabes que uno de estos maestros fue David R. Hawkins. Él explica de una forma maravillosa la diferencia entre conciencia y Consciencia. Vamos a repasarlo: «Gracias a la conciencia somos conscientes de lo que ocurre en la mente. Ni siquiera la conciencia *(consciousness)* misma es suficiente. Dentro de la energía de la conciencia *(consciousness)* hay una vibración de muy alta frecuencia, análoga a la luz misma, llamada conciencia *(awareness)*. De esta conciencia *(awareness)* surge el conocimiento de lo que ocurre en la conciencia *(consciousness)*, que nos informa de lo que ocurre en la mente, y ello, a su vez, nos informa de lo que sucede en el cuerpo físico».

»La verdad es que hay mucha confusión con relación a lo que es realmente la conciencia. Muchos autores no se mueven del dualismo, y para muchos es un problema filosófico y uno de los mayores enigmas de la ciencia.

»Como puedes ver, la bibliografía anglosajona utiliza dos palabras distintas que en español se suelen traducir por "consciencia". La primera es *"awareness"*, que yo traduzco por "Consciencia", la segunda es *"consciousness"*, que se traduce por "conciencia". Esta diferenciación es importante, ya que existe la expresión en inglés *«unconscious awareness»,* que se puede traducir por "Consciencia inconsciente". Algunos autores no la traducen así, porque para ellos no hay diferencia entre conciencia y Consciencia.

»La conciencia está siempre acompañada de Consciencia, pero la Consciencia no tiene por qué estar acompañada por la conciencia.

—Esto me resulta un poco complicado.

—Hay una Energía Inteligente —Consciencia— que lo sustenta todo y de la cual emanan infinitas partículas de conciencia, entre las cuales están la tuya y la mía. Cuando tú ampías tu conciencia, lo haces porque tomas Consciencia, bebes de ella. Esto ocurre cuando te desprendes de tus verdades y de tus creencias, cuando te cuestionas a ti mismo y te alejas de la verdad relativa para buscar una verdad superior.

—Bien, ahora lo tengo más claro. Entonces, cuando observo un acontecimiento y me alejo del dualismo, del posicionamiento, aniquilo mi nivel de conciencia para entrar en otro más elevado. Vendría a ser como un salto cuántico de conciencia. ¿Es así?

—Veo que lo has entendido perfectamente. Por eso decimos que muchas conciencias son inconscientes del poder que las sustenta y les da vida. Es imposible comprender el enigma de la conciencia desde la dualidad, pues su principio es la separación. Por eso se suele hablar de cosas como la generación espontánea.

»Mira, la Conciencia es la *esencia* de cada uno. Esta esencia tiene una vibración y crea una realidad concreta. Por eso muchas veces vosotros, en la Tierra, decís que hay que buscar *la esencia de las cosas,* que es lo mismo que buscar la verdad. También habláis de buscar en vuestro interior, en vuestra esencia.

—Entonces, ¿qué es la verdad?

—Para encontrar la Verdad hay que fundirse con ella. Vuestras verdades son, por así decirlo, de una categoría muy pequeña. Es como si me preguntaras cómo el pez encuentra el agua. Y siguiendo con el mismo racionamiento, la Consciencia contiene todas las partículas de conciencia, las cuales tienen la capacidad —pues están hechas a su imagen y semejanza— de crear su realidad según su vibración.

»Escucha la siguiente revelación de un sutra budista, el Kalama Sutta del Buda Shakyamuni:

»No pongas tu fe en tradiciones, aunque hayan sido aceptadas por muchas generaciones y en muchos países.

»No creas en algo porque muchos lo repitan.

»No aceptes algo basándote en la autoridad de uno u otro de los sabios antiguos, ni con base en los comentarios que encuentres en los libros.

»No creas en nada porque las probabilidades estén a su favor.

»No creas en nada que hayas imaginado, pensando que un dios te ha inspirado a ello.

»No creas en nada basándote en la autoridad de maestros o religiosos.

»Después de haberlo examinado, cree en lo que has comprobado por ti mismo, encuentras razonable y está en conformidad con tu bienestar y el de los demás.

—Según estas frases, no debería creer en nada de lo que me cuentas y me demuestras.

—No es así exactamente. Estas enseñanzas budistas te dicen que, cuando te quedes perplejo por algo, escuches tus dudas; pero que, si lo que te deja perplejo resuena en tu corazón y te da bienestar, no dejes de usarlo. No creas nunca nada, querido héroe. Déjate guiar por tu corazón. Vive cada experiencia, pues en ella se encuentra el oro que te hará brillar. Todo es ilusión, nada de lo que ves y experimentas está realmente ahí. Esta es la Gran Verdad que todos algún día comprenderán.

»Pero dejemos esto por el momento. Lo que importa es que estamos aquí para algo muy concreto: ampliar tu conciencia. El motivo es que lo pides a gritos. Y estos gritos, que no son sonidos, son consecuencia de que has puesto tu mente en entredicho. Te cuestionas todo: tus verdades, tus creencias y tus percepciones. Esto es un gran logro que te convierte en lo que eres, un héroe.

—Estoy aquí porque tú me has llamado.

—¿Cuándo te he llamado yo? Je, je, como si no lo supieras, ¿verdad? Cuando una conciencia entra en un estado mental en el que se percibe a sí misma como perteneciente a un todo, como una pequeña parte de este, la respuesta es inmediata.

—Entonces, ¿tú eres mi respuesta?

—La verdad es que yo soy tú y tú eres yo. Soy una resonancia de ti mismo. No hay nada afuera, no hay ningún lugar donde ir ni viaje que realizar. En todo momento nos movemos en la Consciencia Universal.

—Háblame de la conciencia: cómo se siente, cómo se vive, cómo se percibe en uno mismo un salto de conciencia.

—Bien, veamos algunos síntomas. No tienen que ser estos exactamente, pero son una buena guía:

»Puede aparecer falta de interés en lo relacionado con el mundo y con el cuerpo.

»Los deseos y los apetitos corporales disminuyen, son muy relativos. No son un objetivo en sí mismos.

»El espacio-tiempo se vive de otra manera. Tienes la sensación de que todo va muy rápido y al mismo momento de que tienes tiempo para todo.

»Hay sensaciones físicas, como dolores muy fuertes que vienen y van o posibles mareos, y algunas veces te sientes inestable.

»La sensación de miedo se reduce al miedo puramente biológico; no se teme lo que pueda pasar. Desaparece la necesidad de controlar.

»Observas el mundo y te preguntas: "¿Qué están haciendo?". Por ejemplo, cuando observas esa necesidad compulsiva de divertirse —como si en la vida no hubiera ocasiones de vivir con otra mentalidad—, o esa tendencia a dramatizar hechos y situaciones. Hay un gran apego al drama, como si cualquier cosa fuera una de las plagas de Egipto.

»Sabes que estás en el lugar adecuado y en el tiempo preciso.

»Empiezas a observar sin juzgar, y esto te da paz interior. Sabes que no te conviertes en un pasota, sino en creador de otra realidad.

»Ya no ves los problemas igual. Son oportunidades de decidir quién quieres ser en cada momento.

—Entonces, dejar de juzgar es la clave. La verdad es que esta afición nos tiene atrapados.

—Ciertamente, pero hay que mantenerse alerta. Un buen consejo es comprender antes de condenar. Por ejemplo, es un error creer que el dinero es malo. Las cosas no son buenas ni malas. Hay una película cuyo drama se desarrolla en Kuwait durante la guerra del Golfo. Un hombre rico y poderoso emplea todos sus recursos para ayudar a salir del país a más de cien mil personas. En este caso, tener poder y dinero es muy útil. La acción nunca determina si una cosa es espiritual o no. Lo que importa siempre es la intención con que se hace. Ganar dinero por amor a una empresa y dar trabajo a centenares de familias es una hermosa manera de manifestar el espíritu. Ganar dinero para empobrecer a otros lleva a una polaridad de dolor y sufrimiento. Ambas polaridades conforman una unidad, y quienes viven en una de ellas lo hacen por vibración de su conciencia. Abandonar el juicio es el camino a la integridad. Una polaridad es la sombra de la otra. Una de ellas esconde las emociones ocultas y la fuerza del ego, que se siente separado y carente.

»Como puedes ver, estamos cerrando círculos y más círculos.

—Hay que desarrollar una percepción inocente.

—Cuando dejas de juzgar, dejas de percibir; te conviertes en un observador consciente, sabedor de que lo que sucede es el complemento de polaridades que se buscan para trascenderse a sí mismas y alcanzar otro nivel de Conciencia. Por eso cada problema es una oportunidad de esclavizarte o de liberarte. Está en tus manos. Siempre puedes elegir otra manera de ver las cosas. En ello consiste tu tan anhelada libertad.

—Gracias de todo corazón.

16

VIVIR EN EL SUEÑO

«El responsable de tus enfados eres tú, pues, aunque el otro haya provocado el conflicto, el apego y no el conflicto es lo que te hace sufrir».

Anthony de Mello

El héroe recapitula sobre las experiencias transpersonales que ha vivido durante todo este tiempo. Tiene claro que no debe creer nada si antes no lo experimenta. Recuerda que el *Curso* dice: «Los sueños felices se vuelven reales no porque sean sueños, sino porque son felices» (T-18.V.4:1). Y: «Las mentes están unidas; los cuerpos no. Solo al atribuirle a la mente las propiedades del cuerpo parece posible la separación» (T-18.VI.3:1-2).

No vemos la verdad porque estamos ciegos. Nos ciegan todas esas falsas creencias de la mente. Armamos un sistema de creencias y, aunque esté mal ensamblado, juzgamos de acuerdo con él lo que hacemos o dejamos de hacer, y sentimos culpa y miedo. A los seres humanos les resulta normal sufrir, vivir con miedo y crear dramas emocionales.

El sistema de creencias que nos han inculcado desde la noche de los tiempos se basa en la separación. Como esta no es posible, nuestra conciencia entra en un estado llamado no real. Por eso lo primero que hay que hacer es cambiar el sistema de creencias. Este cambio nos aleja del sufrimiento y nos lleva a la consecución del mundo real.

Robert Lanza dijo: «La insistente percepción humana del tiempo nace, casi con toda certeza, del acto crónico de pensar, del proceso de pensamiento construido con una palabra detrás de la otra que utilizamos como patrón para visualizar ideas y acontecimientos». Los pensamientos se sustentan en las creencias.

El mundo real sigue siendo un sueño, pero al estar despiertos en el sueño desaparecen las figuras siniestras que pusimos en él. Figuras de miedo, terror y profunda sensación de soledad. Esta nos llevó a ser lo que no somos y a buscar el modo de complacer a los demás. Esta dinámica del miedo y sufrimiento domina el sueño y nos impedía despertar dentro de él. Ahora podemos mostrarnos tal como nos sentimos porque sabemos que todos estamos unidos, que no hay separación y antes nos retroalimentábamos, nos mostrábamos falsamente y lo considerábamos normal.

Dejamos de establecer guiones y de asignar papeles a los demás para poder ser felices. Dejamos de manipular, de dar para obtener. Somos conscientes de que la única manera de tener es dar sin esperar nada. Somos conscientes de que la Inteligencia Universal responde a la coherencia emocional con claridad y en el momento oportuno.

Nuestro héroe recuerda una enseñanza muy reveladora de *UCDM:* «Todas las preguntas que se hacen en este mundo no son realmente preguntas, sino tan solo una manera de ver las cosas» (T-27.IV.4:1).

Entre todas las ilusiones, el mundo busca la verdadera. No sabe que ninguna lo es. Cada ilusión está sustentada por su «verdad», con su coherencia que estructura una manera de ver y entender lo que se percibe.

La creación no tiene opuestos; pertenece al ámbito de la Consciencia. La evolución es el reino de los opuestos, de la separación, es el mundo de la conciencia. Estas no están separadas: la primera sustenta a la segunda, que se convierte en un «lugar» de experiencia. La finalidad es llegar a un punto llamado *zona fronteriza* en el que la conciencia se acerca al umbral de la Consciencia.

Cuando llegas a este punto, elegir se vuelve imposible, pues ya no hay nada entre lo cual elegir. Todo se percibe como una unidad en constante fluir que vive por la gracia de una fuerza que lo une y lo alimenta todo. Esta energía es pura Inteligencia, y muestra a cada conciencia lo que ha deshecho, o mejor dicho transformado, para llegar a este estado de experiencia. Ya no hay valores conflictivos; todos los pensamientos son fútiles sencillamente porque no hay opuestos. «La verdad no elige, pues no existen alternativas entre las que elegir» (T-26.III.1:10).

Entonces entregas tus teóricas elecciones a esta Inteligencia, sabedor de que Ella ya conoce qué tienes que experimentar. Por fin reconoces que no hay alternativas entre las que elegir. La Vida se convierte en un fluir, en un estar. El ego es un hilo que solo se mantiene asido a la mente porque todavía estás en el sueño. Ahora a él le corresponde estar en el lugar del que jamás debió salir.

La conciencia recupera su poder, ya no ve problemas ni injusticias. Ahora comprende que cada uno tiene su justo merecido, que depende de la percepción. La Consciencia no tiene capacidad de juzgar ni mucho menos de condenar. Esto es algo que hace cada conciencia que se siente separada.

«El Espíritu Santo no evalúa las injusticias como grandes o pequeñas, mayores o menores. Para Él todas están desprovistas de atributos. Son equivocaciones por las que el Hijo de Dios está sufriendo innecesariamente» (T-26.II.4:4-6).

Está escrito: «El Verbo se convierte en carne». La palabra es creadora; no se es suficientemente consciente de su poder. Expresa hasta los pensamientos más profundos de nuestra psique. El *Curso* dice algo parecido cuando afirma que, para que un pensamiento se convierta en carne, hace falta una creencia.

William Shakespeare escribió: «Es mejor ser rey de tu silencio que esclavo de tus palabras». Y Confucio: «El silencio es el único amigo que jamás traiciona». Si lo que tienes que decir no supera tu silencio, mejor permanece callado.

Cuídate de la crítica, de la calumnia, de las opiniones sin fundamento y, para mayor seguridad, de cualquier opinión. Deja de suponer y de imaginar que sabes. Comprende que no hay ningún valor en este mundo de ilusión. Cada uno lucha para ser el rey. Pregúntate siempre *para qué* haces las cosas. Después quédate en silencio, evita las justificaciones y las explicaciones redundantes. En este mundo de ilusión, en este sueño, nada es real. No hay soluciones para tus problemas, la solución siempre es un problema, pues buscas en el lugar equivocado. Solamente en tu corazón hallarás la respuesta para afrontar cada situación. Haz lo que tengas que hacer con plena libertad, sabiendo que todo está bien cuando tu mente se pone al servicio del llamado de tu corazón, del llamado de tu alma.

«Un problema puede manifestarse de muchas maneras, y lo hará mientras el problema persista. De nada sirve intentar resolverlo de una manera especial. Se presentará una y otra vez hasta que haya sido resuelto definitivamente y ya no vuelva a surgir en ninguna forma» (T-26.II.1:5-7).

«Puedes estar seguro de que la solución a cualquier problema que el Espíritu Santo resuelva será siempre una solución en la que nadie pierde» (T-25.IX.3:1).

****

—Profundas reflexiones, querido héroe. Tu conciencia está entrando a unos niveles de comprensión que la liberan de la esclavitud del mundo. Estás aprendiendo a estar en este mundo con una mente que ha sanado su percepción.

—La verdad es que al principio me resultaba muy difícil, pero ahora me parece evidente. Y me produce una sensación de descanso y plenitud que no sé explicar.

—El juicio que en tanta estima tiene el mundo es una actitud de la mente realmente agotadora y la causa de muchísimos desajustes corporales. De hecho, hay una teoría cuántica que se llama *decoherencia cuántica*. El proceso de la decoherencia es la unión entre la física cuántica y el mundo real. Bueno, lo que se entiende como mundo real, que como ya sabes es el mundo de la ilusión.

Unos científicos del laboratorio Kastler Brossel del CNRS francés han conseguido fotografiar fotones (partículas portadoras de todas las formas de radiación electromagnética, entre ellas la luz) deslizándose de un estado cuántico frágil a un estado estable clásico; este es el fenómeno de la decoherencia.

La teoría de la decoherencia cuántica señala que el proceso físico conocido como reducción del paquete de ondas —es decir, el proceso que reduce la superposición de estados de probabilidad concretando uno de ellos en el universo macrofísico en el que desenvolvemos nuestra existencia cotidiana— se produce por la interacción de los sistemas macroscópicos con su propio entorno.

»La *decoherencia* sería la manifestación del mundo material, y la *coherencia*, sus probabilidades de manifestación. El registro del fenómeno de la decoherencia resulta esencial para la comprensión de la transición entre las físicas cuántica y clásica. Según los científicos, este experimento abre la puerta a la manipulación y el control de la decoherencia. Además, es la base de los ordenadores cuánticos, que ya funcionan (http://physicsworld.com/).

»Este experimento sugiere muchas cuestiones. Una de ellas se refiere a la importancia del observador y hasta qué punto su conciencia determina el colapso del paquete de ondas, que son ondas de información.

—¿Puedes explicar mejor qué significa el colapso de la función de onda?

—Un electrón se describe por una función de onda. Cuando medimos la posición de un electrón con algún instrumento, una pantalla o un detector, lo encontramos en algún punto del espacio. En el momento en que determinamos la posición del electrón (o, lo que es lo mismo, en el momento en que este se manifiesta como partícula o corpúsculo), la función de onda se anula en todos los puntos del espacio salvo en donde hemos encontrado el electrón. A esta repentina concentración de la función de onda en un solo punto se la llama colapso. Es decir, que un electrón está en todos los sitios de un campo hasta que se lo observa, y es entonces cuando aparece en un sitio determinado dentro de su campo.

»En el mundo cuántico, la conciencia tiene una función espectacular e intrigante, que da lugar a múltiples interpretaciones: el efecto observador. Por ello, querido héroe, es tan importante la toma de conciencia, la relevancia de lo que significa ser conscientes. Cuando observamos algo, enviamos fotones hacia lo observado. Como explica la física cuántica, para colapsar un electrón, hay que enviar un fotón. Nosotros enviamos multitudes de fotones con información. ¿Qué información? Pues la que corresponde a nuestro nivel de conciencia en ese momento. Por eso nuestro mundo refleja nuestro estado mental y de ahí la necesidad de iluminar nuestra percepción dual para alcanzar la integración de los diferentes polos que conforman nuestra realidad.

»*La observación no solo afecta a lo que se observa, también lo produce*. Esto significa que la misma observación (Consciencia) crea el campo que se observa (realidad).

»Según la teoría sintérgica de Jacobo Grinberg, esta observación crea un campo neuronal. El cerebro se encarga de descodificar ese campo de información y el resultado final es la realidad que percibimos. La teoría sintérgica afirma que este campo neuronal actúa a su vez con la matriz preespacial y, a partir de esta interacción, aparece la realidad perceptual, es decir, la que percibimos con los sentidos físicos.

»Te explico todo esto para que sepas que ya hay muchos pensadores y científicos que manifiestan la verdad acerca de la creación de este mundo que se llama real. Hoy más que nunca, estos pensadores nos despiertan del sueño y nos devuelven a cada uno la responsabilidad en la creación de nuestro mundo y de nuestras circunstancias.

—¿Hay que hacer algo para cambiar el mundo?

—Lo único que hay que hacer es cambiar la percepción —el efecto observador— y ser conscientes de la importancia de nuestra observación del mundo y sobre todo de lo que pensamos y sentimos en relación con él. Por eso hay que despertar a esta realidad, a esta capacidad de transformación que une en vez de separar. Es un despertar que magnifica y da pleno sentido al concepto de compasión. El mundo que vemos y que creemos tan real es la expresión de nuestro estado de conciencia. El auténtico trabajo consiste en transformar nuestra conciencia mediante la integración y no recurrir a la lucha y el posicionamiento.

»Esto tú ya lo sabes. Has comprobado que muchas de las personas que te escuchan cambian su percepción de terceras personas, y más adelante te informan de que esas terceras personas han cambiado. Con razón les dices que son ellas las que han cambiado, y que han activado la información inconsciente de la persona observada, permitiendo que este tenga la posibilidad de manifestarse de otra manera. Este proceso se activa cuando se renuncia a cambiar al otro, cuando se deja de juzgar y se intenta comprender en lugar de condenar, cuando se huye de la crítica y se percibe que esta habla más de quien critica que del criticado.

—¿Por qué todos vemos más o menos el mismo mundo? Sé que esta pregunta ya te la he hecho, pero, por favor, sigue iluminándome.

—Todos veis un mundo similar porque la estructura de vuestros cerebros es muy parecida. Por lo tanto, producís campos neuronales semejantes, aunque cada uno es irrepetible y único en cada momento.

»La estructura fundamental del espacio es una red o matriz energética hipercompleja de absoluta coherencia y total simetría. A esta red se la denomina *lattice* (entramado o cuadrícula) y se considera que, en su estado fundamental, contribuye al espacio mismo omniabarcante que penetra todo lo conocido. El concepto de *lattice* surgió de los estudios de cristalografía, porque la estructura de cualquier cristal es una *lattice* de alta coherencia que se asemeja a la del espacio. A partir de Einstein, el concepto de espacio es inseparable del de tiempo, por lo que se habla de la *lattice* del espacio-tiempo. Si la *lattice* desapareciera, pasaría lo mismo con el espacio y el tiempo.

»Cualquier objeto «material» es en realidad una organización irrepetible de la estructura de la *lattice*. En su estado fundamental de total coherencia, no existen ni objetos ni alteraciones temporales fuera de la misma *lattice*. Solo cuando esta cambia su estructura fundamental, el tiempo transcurre y aparecen los objetos.

»Aquí entra en acción el campo neuronal, tal como te había dicho antes. Cada vez que una neurona se activa y su membrana celular cambia su potencial de reposo, produciendo cambios eléctricos de superficie, la *lattice* modifica su conformación. El campo neuronal de un cerebro vivo interactúa continuamente con la *lattice* y produce en ella confirmaciones energéticas a las que denominamos imágenes visuales.

—Entonces, vemos lo que queremos ver.

—Esta es precisamente la ley de la percepción, que por supuesto está en relación con el campo neuronal. Es una estructura que conforma una realidad que percibimos como separada de nosotros. Como la inmensa mayoría de la gente está atrapada en el sueño de una realidad determinada, todos vemos más o menos el mismo mundo. No se trata de cambiar el mundo, sino la forma de verlo. Entonces cambia tu realidad. Einstein dijo: «Cambia un pensamiento sobre el mundo y cambiará tu universo».

—A veces me pregunto si Einstein no estaba iluminado.

—Estuvo muy cerca de la iluminación. Alcanzó momentos de claridad y de despertar que le permitieron elaborar sus teorías. La ciencia avanza gracias a seres que cuestionan lo que el mundo acepta como real e inamovible. Pero ellos lo «ven». Ver siempre es el primer paso: vislumbrar otras posibilidades, otras salidas para los mismos problemas. Por eso encuentran soluciones, aunque muchas veces no se apliquen en este mundo porque los que tienen grandes intereses no quieren perder con el cambio y fomentan el miedo entre la mayoría sumergida en el sueño.

—Es una forma de sustraernos nuestro poder.

—Bueno, de alguna forma así es, pero nunca olvides que vivís en la realidad que vuestra conciencia se cree capaz de crear. No hay dos. No existe la dualidad, esta es solamente aparente, lo que se rechaza es lo que da sentido a la existencia. Lo negativo no podría existir sin lo positivo. La medicina tradicional china es la filosofía que mejor ha comprendido el baile del mundo dual, la dualidad ligada a la unidad. Cada polaridad contiene en su interior la complementaria. Así es vuestro mundo y, cuanto antes lo comprendáis, antes despertaréis.

—Ahora comprendo perfectamente qué es la aceptación.

—No puede haber aceptación sin la gracia de la comprensión. Cuando ambas se unen, se manifiesta el cambio de conciencia, no como un esfuerzo, sino como una consecuencia inevitable. El cambio de percepción es tan profundo que lo que era desaparece, aunque se mantengan los mismos edificios, personas y costumbres. Nada vuelve a ser lo mismo, porque el ojo del observador emite una frecuencia de vibración de fotones muy diferente a la de antes. De esta manera uno cambia el mundo sin proponérselo. Es simplemente un beneficio colateral.

—Ahora ya sé cómo debo estar en el mundo. En la actitud frente a los acontecimientos, en el estado mental, en la percepción de que lo que ocurre, siempre hay una razón que se halla en lo más profundo de la psique humana, y hay que sacarla al exterior para iluminarla con la grandeza de la comprensión.

—Esto, querido héroe, es la manifestación del Amor del Cielo aquí en la tierra.

—Así es como se convierten los sueños de dolor y de sufrimiento en sueños felices. De esta manera entramos en el mundo real.

—*UCDM* llama a este proceso la Visión Final.

»"Sumérgete en la más profunda quietud por un instante. Ven sin ningún pensamiento de nada que hayas aprendido antes, y deja a un lado todas las imágenes que has inventado" (T-31.II.8:1-2).

»"Mientras perdure la percepción habrá necesidad de conceptos, y la tarea de la salvación es cambiarlos" (T-31.VII.1:3).

»"Elige de nuevo si quieres ocupar el lugar que te corresponde entre los salvadores del mundo, o si prefieres quedarte en el infierno y mantener a tus hermanos allí" (T-31.VIII.1:5).

—Querido héroe, ¿quieres conocer otros mundos y otras realidades?

—¡Por supuesto!

—Entonces, vámonos.

17

LA ÚLTIMA ENSEÑANZA

«Si fuéramos los únicos en este universo, sería un gran desperdicio de espacio».

Carl Sagan

«Sabemos perfectamente lo que vimos allí afuera, pero no podemos contar nada. Pero vimos cosas, cosas extrañas».

John Glenn, (exastronauta estadounidense)

El hombre de negro coge la mano de nuestro héroe y en un instante se encuentran en otro mundo, en otro espacio-tiempo. Están frente a otra realidad.

—¿Qué es esto? ¿Dónde estamos? ¿Cómo hemos llegado hasta aquí?

—¿Te acuerdas de que un día me preguntaste cómo se viaja? Te contesté que te lo diría a su debido tiempo, y ese tiempo ha llegado.

»Recuerda tu proceso de despertar. Hay infinitas realidades, infinitas expresiones del sueño. Todas ellas son manifestaciones de un estado de conciencia. Todo es vibración, y todo resuena en este universo onírico. La grandeza de lo que llamamos Consciencia es inimaginable para una mente que se cree encerrada en un cuerpo o en un cerebro. Sería como que una gota de agua de mar intentara imaginar los océanos del mundo.

»En 1995 se orientó el telescopio *Hubble* para enfocar cierto espacio en la constelación de la Osa Mayor durante diez días, un espacio que se apreciaba oscuro —el campo profundo de *Hubble*— e ínfimo en comparación con el espacio que se observa desde la Tierra. La gran sorpresa fue que el telescopio fotografió millones de galaxias. Si se tiene en cuenta que cada galaxia contiene miles de millones de estrellas y que el espacio que podemos observar es más de cien veces menor que el tamaño de la Luna vista desde la Tierra, cabe preguntarse cuán grande será el universo.

Fuente: https://astronomiaconcuchara.wordpress.com/2015/10/14/la-imagen-mas-profunda-del-universo/.

»Ya sé que ahora mismo te estás haciendo muchas preguntas. No te preocupes. Mira, se acerca nuestra anfitriona; ella te las va a responder.

Ven acercarse a una figura humanoide. A medida que se acerca, se puede apreciar que es una mujer. Su pelo rubio y lacio le llega hasta los hombros. Mide más de 1,80 metros. Su piel es fina, y sus ojos, rasgados y de color verdoso.

—Hola, mi nombre es Loel.

—No oigo sonido alguno, y en cambio te escucho perfectamente.

—Os hablo con la mente. Esto me permite enviaros imágenes sobre cosas que sería muy largo explicar con palabras, como hacéis en la Tierra.

—¿Dónde estamos?, ¿qué mundo es este? No oigo mi voz, solamente mis pensamientos.

—Este es un planeta con una extensa superficie acuática y muy poca terrestre. Su pequeño sol lo ilumina poco, pero lo suficiente para que la vida sea posible. Debido a ello se han desarrollado plantas muy diferentes de las del planeta Tierra. Las nuestras tienen más clorofila, lo que les da ese tono brillante, ese color verde fluorescente que puedes observar. Como el vuestro, nuestro planeta ha pasado por varios estado evolutivos. En un tiempo remoto solo había dunas lunares, cráteres y pequeñas montañas rocosas que se formaron por la fuerza de atracción de nuestras dos lunas.

»Llegó un momento en que muchos de nosotros sentimos que teníamos que migrar hacia otros planetas para ayudar al despertar de la conciencia, y de esta manera evolucionar. Decidimos sembrar la vida en los planetas de la galaxia Asthirion, Anastháried. Este es el lugar de donde provienes. El nombre te suena extraño, pero en realidad no es un nombre, es el sonido que emanaría si se pronunciara fonéticamente la vibración de su esencia.

—Recuerda lo que hablamos de la esencia —puntualiza el hombre de negro.

—Tiene que ver con la vibración esencial de cada uno —recuerda el héroe.

—En este planeta conviven seres con una especie de cuerpo físico menos denso que el vuestro y otros que son pura energía condensada. Nosotros también pasamos por una dualidad, nos sentimos separados, divididos, y olvidamos quiénes somos. Como ahora tú, muchos fuimos orientados por otras esencias, por otros seres cuya misión es esa: ayudarnos a recordar lo que somos.

»Los habitantes de este planeta tenemos una frecuencia distinta. Esto no significa que seamos diferentes, es decir, que estemos hechos de algo distinto del resto. Todos estamos hechos de lo mismo, pero nuestras partículas vibran a una frecuencia distinta. Por ello, establecemos un tipo de comunicación con nuestro entorno, una interacción, que muchas veces no es posible con seres o esencias que vibran a una frecuencia más baja.

»En este planeta vivimos en comunidades, en las que cada uno desempeña una labor correspondiente dependiendo de lo que corresponda a su «esencia». Nuestras comunidades se basan en la completa unidad. Sabemos que todos provenimos de la misma fuente y que, aunque parezca que estamos desunidos, eso es imposible. En este planeta vivimos en comunidades, cada uno desempeña una labor correspondiente dependiendo de su «esencia». Te preguntas qué es una esencia. Es el tipo de energía que caracteriza a cada ser; nos gusta llamarla de esa manera. No estás errado cuando dices que debes mantener tu esencia. Tu esencia es tu "chispa", el átomo primordial, la partícula de tu divinidad que te da la vida y te caracteriza.

»En los planetas de Asthirion vivimos en comunidades lógicas, y nos repartimos las tareas de acuerdo con la esencia. Unos nos dedicamos a la invención de nuevos procedimientos y tecnologías que nos faciliten la estancia y convivencia pura con el planeta. Esa es mi tarea; soy científica de Artimeria. Aquí las esencias más antiguas ofrecen la enseñanza; tenemos varios "ancianos", cada uno con una característica individual, una energía específica. Cada uno de nosotros sabe, siente a través de su esencia, lo que ha venido a experimentar, y los ancianos nos ayudan a ponernos en contacto con ello.

»Veo que me preguntas por la alimentación. No comemos igual que los humanos; nuestro sistema digestivo es muy distinto. Los que tenemos un cuerpo físico nos alimentamos de ciertos frutos y semillas y bebemos poco líquido. Quienes son pura esencia carecen de cuerpo y no necesitan alimentarse.

»Te preguntas si hay animales como en la Tierra. No los hay. Los animales tienen una vibración más densa, en la que matar y evitar morir es la ley. ¿Te resuena algo, querido amigo?

—Los seres humanos que vivimos en la Tierra estamos sujetos a la misma ley, ¿verdad?

No hay respuesta. El héroe se da cuenta de que su pregunta está fuera de lugar. Es evidente. A cambio, recibe un flujo de comprensión y profundo Amor. Siente que todo su Ser se funde con el universo. Sus átomos, sus partículas esenciales, le hacen sentir una expansión. Se siente unido a Todo y a todos. No hace falta comunicación, todo es información, pura energía inteligente que permite manifestarse de la manera que la propia conciencia crea conveniente. No hay aquí o allá. Ahora ya sabe lo que es la esencia.

Nuestro héroe recuerda un cuento en el que un maestro explica a sus discípulos una experiencia mística de este tipo. Le preguntan qué se siente al ser Uno. El maestro contesta: «Conocéis la esencia de una rosa, ¿verdad?». Todos responden que sí. El maestro prosigue: «Entonces, si la conocéis, ponedle palabras». Se quedan en silencio. Todos agachan la cabeza en señal de reverencia. Han sentido el Espíritu. Lo innombrable.

—Sé que estás muy interesado en saber cómo viajamos. Para transportarnos, no necesitamos aparatos físicos, simplemente lo hacemos por medio de una proyección de nuestra esencia hacia ese espacio en el que deseamos estar, dentro de esta dimensión.

»¿Por qué viajamos en naves a tu planeta, si aquí lo hacemos por proyección de la esencia? Porque en la dimensión en la que se encuentra la Tierra la vibración es distinta, más densa o física, y por lo tanto tenemos que adaptarnos a ella, vibrar a esa frecuencia, lo que nos vuelve más físicos. ¿Por qué en ocasiones podemos aparecer sin nave? Cuando eso ocurre, proyectamos nuestra esencia, pero no estamos realmente en cuerpo físico. Si se requiere nuestra presencia física, utilizamos las naves o los portales. Ahora, tú y tu guía estáis aquí en esencia. Vuestra conciencia os permite estar aquí y experimentar otras realidades en este sueño. Cuando necesitamos un cuerpo más denso o un vehículo, los creamos a través de la conciencia. En vuestro planeta hay películas que ya dan a entender esto que te explico. En una llamada *Trascendence*, una conciencia que vive en un ordenador cuántico fabrica un cuerpo para poder abrazar y besar a su amada.

—Recuerdo la película. Gracias por hacer esto por nosotros.

—Bien, querido héroe, ¿alguna pregunta más?

—Sí, ¿cuáles son vuestras leyes?

—Nos regimos por las leyes universales de la creación, que tú ya conoces. Todo es uno; todos provenimos de la misma esencia o fuente; todo existe al mismo tiempo; es imposible que algo deje de existir porque todo es esencia; nada puede dejar de ser. La muerte como tal es una entelequia, pura imaginación fruto de la profunda creencia en la separación y del miedo a dejar de existir. Nunca olvides que la conciencia crea tu realidad a cada instante. Nunca insistimos lo bastante en ello. Es el gran trabajo al que me he consagrado junto con todos mis hermanos.

»Cuando fue creada la tierra, nos dimos cuenta de que en ella pasaba mucho "tiempo" lineal para que sus habitantes recordaran. Decidimos acelerar el proceso y cambiar los cuerpos físicos; es decir, que tuvieran un avatar (utilizo esta palabra porque sé que te encanta) más desarrollado para que pudieran empezar a sacar sus propias conclusiones. Comenzamos a enviar maestros con vibraciones —esencias— muy elevadas. No hace falta que te dé nombres, pero debes saber que son los maestros que deciden acudir. Es su propia elección.

»Te preguntas por qué es más importante que evolucionen o despierten los seres o esencias que habitan la Tierra, en lugar de otros de frecuencias vibratorias más bajas. La respuesta es simple: la Tierra es un planeta escuela donde seres de otros lugares han decidido acudir para experimentar el olvido, y nuestra misión es ayudarlos a recordar. A medida que recuerdan, vuelven adonde todo se inició. Ya te he comentado que, aunque estemos en una dimensión distinta y de mayor frecuencia, nosotros hemos pasado por el mismo proceso: esencias de otras frecuencias vinieron a recordarnos quiénes somos.

—Pero ¿esto no es entrometerse, de alguna manera?

—Puede parecer que sí. Es una pregunta dual. Recuerda: Todo es Uno; no hay una esencia que procure su despertar como un logro individual. La esencia particular, cada esencia, conforma un Todo. No es posible que una parte despierte y otra duerma. El despertar debe ser uno. Esto parece necesitar tiempo, pero el tiempo es una medida absolutamente relativa y condicionada por la conciencia. El factor tiempo se manifiesta de infinitas maneras y se adapta a los momentos creativos de las conciencias planetarias. Cuando hay una gran disonancia, como por ejemplo en tu planeta —mejor dicho, en el planeta que experimentas—, se produce una tensión que distorsiona el espacio-tiempo, y dentro de este hay diferentes maneras de vivir la experiencia. Tú ya lo sabes. Ya vives en otro espacio-tiempo en el planeta Tierra. Esto es lo que tu *esencia* se ha propuesto como enseñanza.

—Gracias de todo corazón.

La mujer desaparece de su visión de repente.

****

—¿Qué me dices, entonces, de la evolución?

—En la Tierra, la ciencia busca el eslabón perdido: ese salto de conciencia gracias al cual los seres de tu planeta pasaron de homínidos a humanoides. Pues este salto no fue evolutivo en el sentido en que se emplea el término en la Tierra. Como nos ha explicado nuestra anfitriona, la Tierra ha recibido multitud de visitas interplanetarias. Una de las más importantes se relaciona con los sumerios. Estos existieron unos cinco mil años antes de Cristo, aunque las tablillas de escritura cuneiforme encontradas hablan de una civilización de quince mil años antes de Cristo, que es como medís los años en vuestra cultura. Por cierto, una manera bastante arbitraria, pero es normal buscar referencias.

»Mira esta imagen del sistema solar sumerio. En el círculo blanco, verás un sol con los planetas. Para los sumerios, existía otro planeta. Le atribuían una órbita elíptica, como la de un cometa. Creían que ellos habían sido creados por los seres de este planeta, a los que llamaban *anunakis*.

Consideraban el sistema solar como un conjunto de doce planetas, incluido la Luna y el Sol. El décimo planeta, denominado Nibiru, era el de órbita similar a la de un cometa.

—Esto que me cuentas, ¿es verdad?

—¡Qué más da si se los llamó *anunakis* o de otra forma! Nuestra amiga ya nos ha explicado la verdad. De todas maneras, te recuerdo una vez más que todo es un sueño. Que todo lo que experimentamos es un proceso para descubrir quiénes somos realmente, como dijo el maestro Rumí en la poesía que leímos. Tú puedes sacar las conclusiones que creas convenientes de las leyendas sumerias.

»La civilización sumeria es una de las más antiguas de las que se tiene conocimiento. Se asentaron en Mesopotamia hace unos cinco mil años e inventaron la astronomía, la aritmética y el álgebra. Crearon las matemáticas y la primera forma de escritura en jeroglíficos de forma paralela a los egipcios hacia el 4000 a. C.

»La descripción de la creación del hombre que ofrecen los mitos sumerios es muy parecida a la de la Biblia. Enki tomó arcilla y modeló con ella los primeros hombres por sugerencia de Nammu, aunque las primeras formas no fueron satisfactorias. Las tablillas sumerias cuentan que los dioses hicieron varias pruebas mezclando las esencias de los homínidos con las de los *anunakis*. Pero, hasta que no utilizaron el útero de una hembra *anunaki*, no crearon humanos satisfactorios, a los que llamaron Adamus. Los humanos consideraban dioses a los *anunakis*, ya que eran inteligentes y dominaban tecnologías y conocimientos muy complejos. Además, aunque morían, eran muy longevos. A los *anunakis*, en la Biblia se los llama *nephilim* (recordemos que la Biblia es una copia de las tradiciones sumerias), aunque algunas traducciones erróneas hablan de «gigantes».

»Aún hoy continúa la tarea de descifrar los escritos sumerios. Sus revelaciones crean gran revuelo y consternación. Se procura mantenerlo todo más o menos en secreto. Por ello un halo de misterio envuelve el origen de la civilización sumeria. Sus avances fueron extraordinarios: crearon una estructura social compleja, poseían conocimientos avanzados de agricultura, metalurgia, medicina, astronomía y matemáticas, además de crear la escritura jeroglífica.

—Me imagino que la verdad sobre su origen haría tambalear la estructura social de la Tierra.

—Ciertamente, pero la humanidad está cambiando, las conciencias se están abriendo a otras verdades. Quien tenga oídos para oír oirá.

—Sigue, por favor.

—En las tablillas sumerias (así como en el *Bhagavad Gita* de los Vedas), se describen claramente sus «dioses».

»Diversos autores, como Zecharia Sitchin, han descubierto en los textos sumerios aparatos como los cohetes y naves de los dioses. Posiblemente son descripciones de una civilización de origen extraterrestre que se desarrolló en esa zona del mundo hace más de cinco mil años.

»El descubrimiento arqueológico del mundo antiguo y la traducción de sus tablillas, textos y demás registros han demostrado que la Biblia judía (el Antiguo Testamento) es una copia fiel de historias mucho más antiguas. Fue un duro golpe contra el Pentateuco (los cinco primeros libros de la Biblia judía), que se confirmó cuando en 1880 el investigador alemán Julius Welhausen publicó *Prolegomena to the History of Ancient Israel*, obra en la que recogió evidencias de que Moisés no pudo escribir esos textos capitales. Welhausen defendía incluso la hipótesis de que estos relatos que hablan de los Eloham o seres brillantes, equivalentes a los *anunakis*, procedían de fuentes más antiguas, más tarde identificadas con de Sumer[15].

—Vivimos en una profunda mentira, ¡Dios!

15 (http://www.expresionbinaria.com/la-historia-secreta-de-los-sumerios/).

—Bueno, llámala como quieras. Yo más bien diría que el mundo vive sumido en una profunda ignorancia del poder que emana de su conciencia.

»El mito del diluvio, por ejemplo, ya aparece en tablillas sumerias: «Después de que el diluvio hubiera terminado, y la realeza hubiera descendido del cielo, la realeza pasó a Kish».

»Un poema sumerio habla de la época en que humanos y dioses convivían juntos en la Tierra, en la ciudad de Shuruppak. En ese tiempo, los dioses trabajaban la tierra, pero necesitaban ayuda. Por eso crearon a los seres humanos. Solo crearon catorce, siete hombres y siete mujeres, pero estos comenzaron a multiplicarse de tal forma que hacían mucho ruido. Debido a que los humanos se volvían cada vez más violentos, ruidosos y rebeldes, el dios Enlil decidió eliminarlos a todos. Pero Ea quería a los humanos y decidió proteger aunque fuera a los justos. Por ello le avisó al humano Utnapishtim que debía destruir su casa y construir un barco, donde resguardar a su familia y a unas cuantas personas escogidas, además de a las especies animales conocidas[16].

—Pero, ¿es verdad?

—Hay muchas más cosas que la verdad oficial oculta. Por ejemplo, en una conferencia, el exministro canadiense Paul Hellyer explicó que hay evidencias de seres extraterrestres que han venido y vienen al planeta Tierra. Y ¿qué ha hecho o dicho la opinión pública?

---

16 (http://sobrehistoria.com/el-arca-de-noe-y-el-mito-sumerio-de-utnapishtim/).

—Que yo sepa, nada. Es más, no sabía esto que me cuentas.

—Te diré más: dijo que había hablado con el expresidente de Estados Unidos Clinton sobre qué hacer o decir, y este le contestó que había otro Gobierno detrás del Gobierno oficial.

—Vivimos sumidos en una profunda ignorancia.

—Por ello, hay que despertar conciencias y llevar a la sociedad a un nivel más equitativo y más justo.

»Escucha *la última enseñanza:* no hay nada en este mundo con un valor real, nada por lo que valga la pena luchar o morir. El *Curso* lo dice claramente: "Cualquier cosa en este mundo que creas que es buena o valiosa, o que vale la pena luchar por ella, te puede hacer daño y lo hará. No porque tenga el poder de hacerlo, sino únicamente porque has negado que no es más que una ilusión, y le has otorgado realidad" (T-26.VI.1-2).

El héroe entra en un profundo estado de reflexión. Su guía le acompaña más que nunca. Ambos están en silencio. El héroe lo rompe.

—¡Tanto dolor y tanto sufrimiento! ¡Tantas guerras y violaciones de toda índole! Estamos locos. ¡Qué digo locos! Estamos profundamente dementes y vivimos una realidad que no es más que un sueño de locura, de perdición. Parece imposible que se pueda salir de tamaña hipnosis. No hay palabras. No encuentro palabras para expresar esta paranoia que vivimos en nuestro planeta. Me pregunto por qué aún no nos habéis destruido.

—Eso no es posible. No se puede destruir lo eterno. *La esencia de cada uno es inmortal. La experiencia es un derecho y el sufrimiento una elección*. Por eso estás aquí y por eso mismo eres un héroe. Para aguantar lo que estás soportando hay que tener un corazón muy puro y una mente libre de juicios. Seres como tú son la esperanza de un mundo que está sumido en la perdición y en la profunda separación. Los humanos se pasan la vida pensando qué pueden hacer para ser felices. Este pensamiento, por su origen, nunca les permitirá saberlo, experimentarlo. Antes deben renunciar a la creencia fundamental de que están separados. No hay pensamientos fútiles, no hay juicios que se pierdan. En el universo todo es abundancia y esta se expresa en relación con las creencias más profundas que aprisionan la *esencia*. Si crees en la escasez, la Vida te dará abundancia de escasez, hasta que un día declares quién eres y reclames tu herencia.

—Todo esto me abruma, me supera. Me siento insignificante ante tanto despropósito. Es un trabajo de gigantes.

—Que, por cierto, no tienes que hacer tú ni nadie. Este es el punto de rendición del que hemos hablado tanto. Sencillamente te apartas y dejas que el Espíritu guíe tus pasos y tus palabras. Has aprendido que no hay que hacer nada. Renuncia a la creencia en la necesidad de hacer, en ello radica la gran liberación tan anhelada por todos. Ahí reside la libertad emocional. Tú estás donde debes estar, eres lo que debes ser, te manifiestas en el lugar en que te sientes guiado. En tu mente no debe anidar la idea de que tú eres hacedor de algo. Cuando despiertas esto es más que evidente. Y te permite descansar y escuchar tu esencia, que anida en tu corazón.

18

EL ÚLTIMO VIAJE

«Hay una fuente dentro de ti. No camines con un cubo vacío».

Rumí

El hombre de negro lleva al héroe a un estado de Ser. Es la antesala de lo que muchos llaman Cielo.

—Has realizado un viaje sin distancia, un viaje mental en el que has experimentado infinidad de situaciones. Has vivido múltiples vidas, situaciones llenas de dolor, muerte, enfermedad y sufrimiento. Has visto momentos de luz esplendorosa. Has superado creencias, dogmas. Has superado al ego. Él ha sido tu gran maestro. Sin él, tu conciencia no habría evolucionado. Estás ante el umbral que te conducirá a la disolución de todas las imágenes de aquello que creías que eras y del residuo que te queda aún por deshacer. Es la última renuncia, el último paso. Cuando lo des, te fundirás en lo eterno. Tu conciencia se fundirá con la Gran Consciencia. Es la renuncia a tu individualidad. Es el último paso.

—¿Por qué sigues aquí conmigo?

—Debes descubrirlo por ti mismo. No hay respuesta para esta pregunta.

Nuestro héroe mira en la profundidad de su mente y recuerda todas las experiencias vividas. Ve a los seres que le han acompañado en este proceso llamado Vida. Gente que lo ha odiado, que lo ha amado... «Todo esto es absolutamente relativo», piensa.

—¿Qué piensas, querido héroe?

—¿Tengo derecho a fundirme en lo eterno y dejar a todos mis hermanos?

—Eres absolutamente libre de decidir lo que quieras. Todo está bien. Puedes permanecer aquí (no voy a decir «más tiempo», porque sería motivo de risa).

—Tengo que volver. ¿Qué sentido tiene quedarse aquí, en estado de plenitud, si este estado no se puede experimentar hasta que Todos estemos despiertos? Cuando estaba en proceso de despertar, deseaba enormemente alejarme de toda la locura que había a mi alrededor. Pero ahora siento que, sin ellos, no soy nada ni nadie».

»Ahora comprendo el profundo silencio de la Vida, de la Inteligencia Universal. Ahora comprendo, pero no tengo palabras.

—Puedes venir conmigo a mi planeta, a mi universo, o volver a la Tierra. Recuerda: cuando tomes esta decisión, ya no serás asistido por mí ni por nadie que se me parezca.

—Pero ¿por qué?

—Sencillamente porque ahora ya sabes con todo tu Ser que esto de estar solo es una solemne tontería, por decirlo de alguna manera. Jamás te sentirás solo. Te has conectado a la Fuente con toda tu esencia.

»Me despido de ti con gran cariño y con la satisfacción de un trabajo bien hecho. Gracias, querido héroe, por tu entrega y por tu voluntad de despertar. Ya sabes que esto no es un adiós. No tiene sentido alejarse de algo que siempre está unido.

»Cuando despiertes en tu lecho, pensarás que todo ha sido un sueño, y tal vez sientas la necesidad de creerlo. Y la verdad es que así es. Te quedará un guía, el guía que nunca te abandonará, la esencia que hay en tu corazón, que es el sentido de tu inmortalidad y de la inmortalidad de cada esencia que conforma este vasto universo.

El héroe despierta en su cama. Está algo aturdido. No acaba de comprender qué es lo que ha vivido mientras dormía.

«Ha sido un sueño muy real; es increíble lo bien que lo recuerdo. No me siento yo mismo, no como he sido hasta ahora. ¿Cuánto tiempo he estado dormido? ¡Qué sueño más raro he tenido! ¡Qué paz me ha dado!».

Su esposa se acerca sonriendo, como siempre. Le pregunta qué le pasa, pues le ve un semblante algo extraño.

«Déjame que te cuente. La verdad es que creo que eres la única persona a la que le puedo explicar esto. Si se lo cuento a otros, pensarán que estoy loco».

Pero, si hablamos de locura, ¿quién o quiénes son los locos?

Nota sobre el sentido de las cuatro y media de la madrugada: Según la medicina tradicional china, a esa hora se crean las ideas que se han tenido previamente. Es la hora en que los sueños se conectan a los registros *akásicos*.

COROLARIO

«Y tú, ¿cuándo vas a empezar ese largo viaje dentro de ti mismo? ¿Cuándo?»

Rumí

Todo lo explicado anteriormente tiene por objetivo llevar al lector a la reflexión más profunda sobre su existencia. Cualquier conclusión es razonable y aceptable. No hay una verdad que alcanzar, pues ya vivimos en Ella. Esta se nos mostrará en el camino del héroe.

El camino del héroe es un mito que expresa el recorrido que todos haremos algún día en nuestro proceso de transformación. Las historias sobre héroes siempre implican una suerte de viaje. Un héroe abandona su entorno cómodo y cotidiano para embarcarse en una empresa que habrá de conducirlo a través de un mundo extraño y plagado de desafíos. Puede ser un viaje real (con un cambio de espacio) o un viaje interior que ocurre en su mente, en su corazón y su espíritu. El héroe crece y sufre cambios, viaja de una manera de ser a la siguiente: de la desesperación a la esperanza, de la debilidad a la fortaleza, de la locura a la sabiduría, del odio al amor...

Este libro está dedicado a nuestro héroe interior, a esta fuerza que todos tenemos dentro y que nos empuja hacia una realización que en un primer momento es incomprensible, pero que, a medida que avanzamos, cobra más y más significado.

Las primeras etapas del viaje de todo héroe se enmarcan en lo que se llama el nacimiento. El héroe tiene que abandonar su zona de comodidad. Este nacimiento implica un cambio más o menos profundo en su psique. Puede ser el diagnóstico de una enfermedad grave, la muerte de un ser querido, la búsqueda de una visión espiritual que rompe los cánones establecidos, un divorcio, el replanteamiento de una relación monótona y sin sentido, un viaje... En definitiva, algo que lo empuja a salir de lo cotidiano y normal.

Para Erick Neuman, contemporáneo de Carl G. Jung, el primer enfrentamiento es con la Gran Madre, la madre dragón, cuya superprotección le impide al héroe iniciar su adultez biológica y psíquica. La Gran Madre es una suerte de malicia y bondad. Ambos aspectos se combinan y es difícil separarlos. El héroe no llegará nunca a ser adulto si no supera esta etapa.

Al hacerlo, se libera del amor incondicional materno y comprende que la madre es un ser como todos, con sus virtudes y sus defectos. Entre los últimos destaca su apego a los hijos, y entre sus virtudes, su protección y cuidado.

La siguiente etapa del viaje del héroe consiste en superar el poder parental. Es la última etapa para alcanzar su independencia. Superar la necesidad de tener el permiso del padre le permite iniciar su propia vida libre de las cadenas emocionales que los progenitores proyectan.

Entonces el héroe ya está listo para la transformación definitiva, la que lo habilita para crear su propia vida, su familia, luchar por ella y protegerla, así como para educar a sus hijos para que en la edad adulta sean independientes y tengan los recursos para establecerse.

La formación de una familia, esencial en la vida, es el viaje del héroe por excelencia. Dejar la protección familiar, el apego a los padres, es el primer paso del viaje, la salida de la zona de confort para crear un nido familiar y brindar protección, educación y recursos a sus descendientes para que hagan su propio camino.

Cada viaje tiene sus peculiaridades, pero todos comparten ciertos rasgos:

- *El inconformismo:* pensar que siempre hay otra manera.
- *La existencia:* cuestionar las verdades espirituales.
- *El compromiso* con uno mismo, y no desfallecer.
- *La lealtad* en todas las relaciones.
- *El estudio* en busca de otras maneras de pensar.
- *El cuestionamiento* de las verdades oficiales.
- *El final de las justificaciones:* ser responsable de los propios actos y palabras.
- *El final de las críticas:* brillar por uno mismo, por su trabajo y dedicación.
- *El final de los posicionamientos:* todo se complementa.
- *Superar las adversidades:* lo hacen más fuerte y más sabio.
- *Integrar las experiencias:* todo tiene su razón de existir.
- *Desarrollar la propia conciencia,* lo que permite la transformación.
- *Morir a lo que se creía ser:* aceptar la dureza del camino.
- *Renacer como un ser más sabio,* comprensivo y compasivo.

He hablado con muchas personas que han hecho su viaje del héroe. Personas que han vivido enfermedades duras; algunas han sobrevivido y otras se han marchado. Tanto unas como otras han triunfado, porque lo más importante no es vivir y seguir en este mundo, sino la transformación interior, la apertura de conciencia que permite a cada alma seguir evolucionando.

He visto a multitud de personas que siguen manteniendo relaciones que no quieren ni desean. Una serie de justificaciones las paralizan y les impiden abandonar relaciones tóxicas. No alcanzan a comprender que el cambio deseado está en uno, y esperan que este se produzca fuera.

Siempre deberíamos hacernos preguntas como: ¿Para qué mantengo esta situación? ¿Me siento cómodo o cómoda? ¿Ya sabes en qué consiste ser egoísta? ¿A qué esperas? ¿Quieres vivir así hasta llegar a la vejez?

Son preguntas dirigidas a uno mismo. Sin excusas, sin divagaciones, sin frases que empiecen por «sí, pero». Se trata de plantearnos preguntas que nos hagan tambalearnos, que nos lleven a comprender que todos tenemos nuestro viaje del héroe.

Todo cambio empieza por un compromiso; es el primer paso.

En este camino encontrarás gente que se opondrá, esgrimiendo lo que yo llamo los *cantos de sirena:* «¿Ya sabes lo que haces?», «¡Con lo bien que estás aquí!», «¿Lo has pensado bien?», «Mira que su familia no parece la más adecuada», «Sus creencias y su religión son muy diferentes», «Tú no sirves para esto», «¿Cómo se te ocurre tal cosa?», «Ve a lo seguro, no te arriesgues», «Vigila, que hay muchos peligros afuera», y otras sandeces por el estilo. Son los ladrones de sueños.

Muchos te atacarán por envidia, porque creen que ellos no pueden hacer lo mismo que tú. Recurrirán a la calumnia, al desprestigio, a la mentira. Intentarán desanimarte de todas las formas posibles. Cualquier estratagema les parecerá útil para evitar que llegues donde ellos no creen poder llegar nunca.

Te encontrarás a los aliados, a los guardianes. Te acompañarán un buen trecho en el camino. Podrás contar con ellos aunque desaparezcan de tu vida.

También encontrarás sabios, maestros o guías. No te apegues a ellos; están en tu camino para hacerte crecer, no para que dependas de ellos. Estos guías no tienen por qué ser personas, pueden ser nuevas creencias, rituales, otras formas de vivir, de pensar y de actuar. Atención a los apegos: no cambies unas verdades por otras. Nunca olvides que, si te sientes separado o diferente, caes en una trampa del ego.

En este viaje comprenderás que la auténtica espiritualidad está fuera de normas y de dogmas. Es rompedora, trasciende el mundo, sus valores y creencias.

Comprenderás que vivir no es dejar pasar la vida, sino comprometerse con el cambio, con proyectos, con transformación.

Comprenderás que, cuando ya has iniciado el camino, el viaje, una vez que has cruzado el umbral, ya no hay vuelta atrás. ¡Cuántas veces he visto a personas que han superado apegos, relaciones tóxicas, y han caído en la tentación de mirar atrás! Esto no solo les ha traído más dolor y sufrimiento, sino enfermedades y muerte.

El del héroe es un viaje sin retorno, es un viaje de transformación para volver e iluminar el camino de los demás, sin esperar nada.

Las siguientes frases, extraídas del libro *El ojo del yo*[17], de Hawkins, son muy reveladoras y resumen todo lo expuesto:

«El camino hacia Dios a través de la no dualidad de la conciencia implica la ausencia de dogmas o de sistemas de creencias[18]».

«El ego no es un enemigo al que se haya de someter; es, simplemente, una recopilación de hábitos de percepción no examinados[19]».

«Con el desapego se observará que la mayoría de la gente disfruta del melodrama de sus vidas[20]».

«El amor no es una emoción, sino una forma de ser y de relacionarse con el mundo[21]».

«Las víctimas rara vez asumen su responsabilidad por la provocación, la tentación o el insulto proferido[22]».

«Con la culpabilidad se pretende comprar la salvación, manipular a Dios y comprar el perdón a través del sufrimiento[23]».

«Para una persona espiritualmente avanzada es irrelevante que los demás estén o no de acuerdo con ella, dado que ya no necesita buscar la validación o acuerdo fuera de sí misma[24]».

«Nada en el mundo es "causa" de ninguna otra cosa. Todo está entrelazado en una danza holográfica donde

---

17 El ojo del yo, David R. Hawkins, Editorial El Grano de Mostaza, Barcelona, 2016.

18 Ibid, p. 152.

19 Ibid, p. 150.

20 Ibid, p. 157.

21 Ibid, p. 159.

22 Ibid, p. 159.

23 Ibid, p. 160.

24 Ibid, p. 216.

cada elemento influye sobre cada uno de los demás, pero no los causa. La "causa" es una invención epistemológica y un invento de la mente[25]».

En el viaje del héroe que se encuentra en nuestro interior hay que desarrollar la observación por encima de todo.

Una observación sin críticas, sin justificaciones ni sentido de la culpabilidad. Se trata de una autoindagación en la que el héroe desarrolla el desapego que lo lleva a participar en todos los acontecimientos de la vida sin intentar controlar los resultados.

La aceptación, que es la hermana mayor del desapego, te libera de conflictos y sufrimientos. Es un no posicionamiento. Es una entrega total a lo que haces sin esperar nada a cambio. Una mente que sabe que, cuando da, se da a sí misma y, cuando quita, también se lo hace a sí misma.

Hay una señal inequívoca que demuestra que la persona ha finalizado su viaje del héroe, pues expresa el contacto con la realidad: *la sencillez*.

Con todo mi agradecimiento a la Vida.

Enric Corbera

25 Ibid, p. 297.

"Pues no reaccionarías en absoluto ante las figuras de un sueño si supieses que eres tú el que lo está soñando".

(L-27.VIII.10:5)

"Los sueños que te parecen gratos te retrasaran tanto como aquellos en los que el miedo es evidente. Pues todos los sueños son sueños de miedo. No importa de qué forma parezcan manifestarse".

(L-29.IV.2:1-2)

"El milagro establece que estás teniendo un sueño y que su contenido no es real... Lo que mantenía vivo al miedo era que él no veía que él mismo es el autor del sueño y no una de sus figuras".

(L-28.II.7:1,4)

Enric Corbera Institute

Enric Corbera Institute, creado por Enric Corbera, es una institución dedicada a la enseñanza y divulgación de la Bioneuroemoción®, un método humanista que acompaña a las personas a gestionar sus creencias, relaciones y percepciones en busca de un mayor bienestar emocional.

/EnricCorberaInstitute
/enriccorberainstitute
enric**corberainstitute.com**

Enric Corbera

/EnricCorberaOficial/
/enric_corbera
/EnricCorbera
/EnricCorbera

Embajador de la Paz
Otorgado por:
Mil Milenios de Paz y Fundación PEA

enriccorbera.com

Made in the USA
Columbia, SC
17 February 2019